W0189143

Dominic Schüler (Hg.):

# Rosel Heim
## Autobiografie

Kairos Verlag

ISBN 3-920523-00-8

Das Werk ist urheberrechtlich geschützt. Die dadurch begrün-
deten Rechte, insbesondere die Übersetzung, des Nachdrucks,
der Entnahme von Abbildungen, der Funksendung, der
Wiedergabe auf photomechanischem oder ähnlichem Wege und
der Speicherung in Datenverarbeitungsanlagen bleiben, auch
bei nur auszugsweiser Verwertung vorbehalten.

Druck: Gulde-Druck GmbH, Tübingen

# Vorwort des Herausgebers

Die Autobiographie meiner Großmutter las ich zum ersten Mal vor einem Jahr, acht Jahre nach ihrem Tod. Sofort war meine Oma wieder da: Erinnerungen wurden wach, von unseren gemeinsamen Spaziergängen im Baden-Badener Quettigwäldle, das direkt hinter ihrem Haus lag. Als meine Großmutter die erste Version des vorliegenden Buches beendet hatte, war ich gerade 4 Jahre alt. Damals lautete der Titel "Jedem Anfang wohnt ein Zauber inne" und sollte eigentlich den Abschluß ihres Lebenswerkes dokumentieren. Sie plante jedoch bereits damals einen neuen Anfang.

Für diesen Neuanfang brachte unsere ganze Familie ihre Ideen und ihr Wissen aus mittlerweile drei Generationen ein. Vielleicht zur Überraschung meiner Großmutter kam dabei eine Rosel Heim-Kosmetik heraus, die mehr ihren Idealen entsprach, als sie es selbst je erhofft hatte.

Gerade deshalb erscheint es uns heute wichtig, den Ursprung ihrer und unserer Kosmetik wieder sichtbar zu machen.

Aus diesem Grund habe ich ihren Text überarbeitet, mit zusätzlichen Bildern und Aufzeichnungen meiner Großmutter ergänzt, hoffentlich, ohne den Charakter des Buches zu verändern.

# Vorwort

*Zu meinem siebzigsten Geburtstag hatte man mir ein großartiges Fest veranstaltet: mit "Glanz und Gloria" - wie ich es nie mochte, und worüber ich mich herrlich lustig machte. Freunde mit berühmten Namen aus Film, Fernsehen, Kunst, Industrie und Politik waren gekommen und sagten mir allerlei nette Dinge. Es war schon ein ziemlich anstrengender Tag, aber am Ende war ich doch glücklich.*

*Die Rasenwege, über die wir heute gegangen sind, deckt schon jetzt der Schnee. Es wird ein stiller Winter werden; denn ich werde arbeiten, auf eine mir ungewohnte Art: ich schreibe mein Buch. Ich schreibe es für meine Kinder und Enkelkinder, die mittlerweile schon in der dritten und vierten Generation in der Kosmetik arbeiten. Ich hoffe, daß all die Irrtümer und Enttäuschungen, durch die ich gegangen bin, aber auch meine Erfolge und Entdeckungen ihnen helfen, zum Einfachen zu kommen, zum Selbstverständlichen; zu dem, was der Natur entspricht: Erfahrung und Beobachtung, das habe ich in meinem Leben gelernt, sind der eigentliche Familienschatz, der von Generation zu Generation weitergegeben werden muss.*

*Ich schreibe aber auch für die Kosmetikerinnen in der Praxis; denn in der Kosmetik hat man nie ausgelernt. Kosmetik, wie ich sie verstehe, die sich nicht nur auf die Pflege der Haut beschränkt, sondern den ganzen Menschen mit einschließt, ist ein Mosaik aus unendlich vielen kleinen Steinchen - den Beobachtungen und Erfahrungen.*

# Meine Eltern

Meine frühesten Erinnerungen sind an ein Haus geknüpft, in dem sich Menschen und Tiere wohl fühlten. Holpriges Pflaster auf der Hauptstraße, ein Marktplatz mit Gasthof und Kaufladen, Bauernhäusern, Handwerkerstuben - so muß Achern ausgesehen haben, als ich auf die Welt kam; im Jahr 1902.

Damals dachte noch niemand an Kosmetik. Man hat sich das Gesicht gewaschen, die Haare gekämmt und am Samstag im Waschzuber gebadet - das reichte. Schönheit war eine Gabe Gottes. Wer sie nicht geschenkt bekam, der mußte eben versuchen, statt dessen andere Vorzüge sprechen zu lassen. Schönheitspflege - das war vielleicht etwas für die Stadt, für die Damen der Halbwelt. In Achern ging man höchstens zum Friseur. Man ging in das kleine Haus am Adlerplatz mit den winzigen Fenstern und der niedrigen Tür, über der zwei blanke Messingscheiben hingen: zu meinem Vater.

Man ging auch wegen anderer Dinge zu ihm. Zähneziehen, Aderlassen, Schröpfköpfe setzen; Wundbehandlung gehörten damals ebenso zum Baderberuf wie das Ausschneiden von Hühneraugen, das Barbieren und Frisieren. Die Bauern der ganzen Umgebung kamen mit ihren Wehwehchen zu meinem Vater. Und er half ihnen mit seinem Wissen um die Heilkraft vieler Pflanzen. Mit einer Leidenschaft, die niemand in dem stillen Mann vermutete, mühte er sich, in die Geheimnisse der Natur einzudringen, er war einer von denen, die lieber nachdenken als reden, lieber zuwarten als zupacken. Wenn Vater sich zu uns gesetzt hat, abends, dann sind wir Kinder ganz still geworden. Er wußte die sonderbarsten Geschichten von der "Hex auf der Rees", die nach dem Siebten Buch Moses heilen oder verwünschen konnte, oder vom "alten Neunzig von Sasbachwalden": 90 Jahre ist er alt geworden und konnte den Kranken über Kilometer hinweg die Schmerzen nehmen. Oder von dem Bauern im Hanauer Land, der ein "Schloofer" war: im Schlaf hat er den Leuten gesagt, was ihnen fehlt.
Ich habe es natürlich nicht geglaubt, aber schön gruselig war mir doch. Ich wollte ja niemals einfach nur glauben, was man

7

mir sagte, ich wollte wissen, genau wissen. Manchmal auch Besserwissen. Wie bei dem Rettichsamen, den mir mein Vater zum Aussäen gab - erst in acht Tagen, bei abnehmendem Mond, weil die Kraft dann in die Wurzel geht ... Wieso? Was hat mein Rettichsamen mit dem Mond da oben zu tun? Ich säte die eine Hälfte sofort aus, noch bei zunehmendem Mond, die andere acht Tage später, wie Vater es wollte, und oje! Viele Wochen sah ich die dürftigen kleinen Rettiche neben den dicken, vollen stehen, die später ausgesät waren. Heute kennt man den Mondeinfluß auf das Wachstum. Heute kann man vieles erklären, was für meinen Vater noch wunderbar war. Die Heilkraft des Johanniskrauts zum Beispiel, von dem er das rote Blütenöl bei Hautentzündungen und Brandwunden verwendete.

Unsere Spaziergänge am Sonntag über die Wiesen rings um die Stadt wurden zu Unterrichtsstunden: "Mädle, hör 'naus in die Natur, und du bekommst auf alles Antwort!", so höre ich ihn noch. Vater konnte auch - ein paar Jahrzehnte früher hätte er als Hexer gegolten - durch Handauflegen heilen. Aber er machte keinen Hokuspokus daraus, er erklärte uns, daß seelische Störungen krank machen können und daß Leiden von der Seele her beeinflußbar sind.

Mutter war ganz anders. Als Vaters erste Frau gestorben war und ihn mit drei kleinen Buben allein zurückließ, kam sie ins Haus und schaffte Ordnung. Bald mußte sie sehen, daß der kleine Friseurladen nicht ausreichte, um alle zu ernähren. "Ich mache in Achern einen Damensalon auf", erklärte sie. Sie fuhr nach Karlsruhe, lernte Ondulieren, richtete einen "Salon" ein, mit separatem Eingang - damit die Damen "diskret" kommen konnten -, stellte einen Haartrockner auf und malte an die niedrige Tür ein Schild:

"Haarwaschen: Mk -;60, mit Ondulieren: Mk 1,20."

Und die Kundinnen kamen. Weder der hohe Preis noch der brodelnde Haartrockner hielten sie ab. Als Mutter diesen Apparat zum erstenmal anzündete, holte Vater vorsorglich zwei Eimer Wasser aus der Küche. Während sie kaltblütig das waschfeuchte lange Haar der ersten Kundin auf den Grill über der Spiritusflamme legte, stand er als beherzter Feuerwehrmann unter der Tür, die Wassereimer griffbereit neben sich, um einen etwaigen menschlichen Dachstuhlbrand augenblicklich zu ertränken. Aber Mutter behielt recht. Das Haar krümmte sich zwar bedenklich über dem bläulichen Gezüngel, es zischte und dampfte, aber keine Flammen schlugen zur Decke. Vater konnte erleichtert und etwas beschämt mit seinen Wassereimern wieder abziehen. Der Damensalon hatte seine "Feuerprobe" bestanden und florierte. Um so mehr, als Mutter bald herausgefunden hatte, was ihre Kundinnen wünschten: eine Frisur, die ihnen stand, die aber nicht so aufgedonnert war, daß der Pfarrer am Sonntag eine Predigt über die Putzsucht hätte halten müssen. Sie traf den Geschmack ihrer Kundinnen genau, mehr noch, sie kam ihren geheimen Wünschen entgegen, auf ganz moderne, fortschrittliche Art. Als sie nämlich merkte, daß manche Frau zwar zum Kirchgang hübsch frisiert sein wollte, aber ebenso gern am Sonntagmorgen eine Stunde länger liegen blieb, schaffte sie sich ein Fahrrad an, das erste Damenrad Acherns. Zweck des Vehikels war ein fliegender Sonntags-Frisierdienst!
Die Jungfernfahrt mit dem Rad wurde für Achern eine Sensation, für Vater ein Alptraum. Er sah sich erst das

schwachrohrige Zweirad, dann seine Frau an und war überzeugt, das Stahlroß werde unter dem weiblichen Kürassier unweigerlich zusammenknicken. Aber Mutter war zum Äußersten entschlossen. Sie trat an den Bordstein, schwang ihre bauschenden Röcke über den Sattel, den Vater beidarmig stützte, und trat in die Pedale. Vater hielt Schritt, stützte das wankende Gefährt, bis das Temperament der kühnen Stramplerin mit dem rollenden Rad durchging und er sie davonsegeln sah, schwankend im Sturm der strampelnden Füße, aber - wie immer - aufrecht!

Das Gerücht, Mutter hätte am Ziel einen dampfenden Düngerhaufen als weichsten Landeplatz ausgesucht, war schamlose Verleumdung. Wahr ist, daß sie zwar etwas ramponiert, aber sehr stolz von ihrer ersten Runde zurückkam. Sie hatte fünf Kundinnen mehr behandelt, sechs Mark mehr verdient! Ja, Mutter ging mit der Zeit. Sie nutzte den technischen Fortschritt aus, ohne deshalb gleich den Boden unter den Füßen zu verlieren. Auch sie hatte eine echte Verbindung zur Natur, aber sie verehrte sie nicht scheu wie der Vater, sondern spannte sie tatkräftig vor ihren Wagen.

Wie sanft ihre großen Bauernhände den Storch aufhoben, der eines Tages mit gebrochenem Flügel im Hof lag! Ich weiß noch, wie sie ihn im Schlafzimmer aufs Kopfkissen bettete und ihm einen Gipsverband machte. Und als er zehn Tage lang nur dalag und keine Nahrung zu sich nahm, da hat sie ihn gestreichelt und mit ganz leiser Stimme gesagt: "Ja, Jakob, du mußt doch fressen. Schau, du kannst doch nicht fort von uns, wir mögen dich doch!" Welche Kraft muß in ihr gewesen sein, daß sie so viel Liebe geben konnte, immer nur geben, und daß es für alle um sie her gereicht hat.

Diese geschickten Hände, denen alles gelang! Sie beherrschte die landwirtschaftlichen Arbeiten im Krieg genauso gut, wie sie Maurer, Tapezierer und Zimmermann ersetzte, sie reparierte alle elektrischen Leitungen selbst, brannte Kirschwasser und nähte den Buben die Anzüge. Es hat ihr Mühe gemacht, sich in den Friseursalon hineinzufinden, sie kam ja vom Bauernhof. Aber mit unendlicher Energie richtete sie sich den Damensalon ein und wurde eine gute Friseuse. Heute noch spüre ich die Ausstrahlung meiner Mutter, die mir Mut machte, wenn ich es nötig hatte, und die einen Satz nie gelten ließ: "Das kann ich nicht."

Sie war groß und dunkelhaarig. Und das Merkwürdigste an ihr war: sie hatte ein graues und ein braunes Auge, ein strenges und ein sanftes. Besonders oft schaute das strenge Auge auf mich, das Nesthäkchen, das ihr mit seiner Ankunft so viele Sorgen gemacht hatte. Ich war das sechste Kind, denn zu den drei Buben aus erster Ehe war bald noch ein Junge gekommen und dann - endlich! - das lange ersehnte Mädchen, meine Schwester Elsa. Sicher hatten sich die Eltern danach kein weiteres Kind mehr gewünscht. Das glaube ich deshalb, weil mein Vater Namen und Geburtszeit aller Kinder in der Familienbibel eingetragen hatte, und weil diese Chronik mit meiner älteren Schwester aufhört. Für mich war kein Platz mehr auf der Seite, und ich bin auch später nicht mehr eingetragen worden.

Lange wußte meine Mutter nicht, ob sie mich am Leben halten konnte, so schwach war ich. Später, viel später hat mir eine Frau erzählt, sie hätte gerade die Krankenschwester in der Stadt getroffen, als die Sterbeglocke zu läuten begann. "Jetzt ist sicher Wölfles Rosale gestorben", hätte die Krankenschwester gesagt, "das ist eine Erlösung für Mutter und Kind!" Aber das Läuten galt nicht Wölfles Rosale, denn das lebt heute noch - das bin ich. Das winzige Bündel, das so wenig Kraft besaß, muß wohl um so mehr Lebenswillen gehabt haben, und dieser Lebenswille ist mir geblieben. Ich habe gelernt, mich zu behaupten, gegen meine Brüder und gegen meine eigene körperliche Schwächlichkeit. Es war eine wunderbare Kindheit in dem Häusle am Adlerplatz, mit der großen Scheune und den unbenutzten Stallungen, in denen sich so herrlich spielen ließ. Mit dem großen Garten, in dem ich mit Hunden, Katzen und Hühnern tollte, in dem ich Jakob, meinem zahmen Storch, lange Reden hielt, auf die er mit nachdenklichem Klappern antwortete.

Oft war ich nachmittagelang draußen, nur mit meinen Tieren. Ich beobachtete die Pflanzen und lernte sie immer besser verstehen, ich sprach und lebte mit Blumen und Kräutern, wie andere Menschen mit einem Lieblingstier leben. Die anderen hatten ohnehin keine Zeit für mich; um mich als "Restposten" der Familie konnte sich meist niemand kümmern. Im Friseurgeschäft war immer viel Betrieb, vor allem samstags und vor Festtagen. Man machte damals ja nicht um 18.30 Uhr Schluß. Geschäftsleute kamen erst dann zum Friseur, wenn ihr eigener Laden geschlossen war, um acht Uhr abends, oft noch um neun. Ich erinnere mich noch gut an einen Weihnachtsabend, an dem wir Kinder frisch angezogen und mit Herzklopfen hinter unserer Tür standen und darauf warteten, daß das Christkind kommt und sein Glöckchen läutet; die Eltern hatten gewiß den Christbaum schon angezündet. Da läutete es, und herein kam - die Wirtsfrau vom Schmidtstüble nebenan. "Ich bin jetzt erst fertig, kann mir die Mutter nicht noch den Kopf waschen?" Natürlich hat sie den Kopf gewaschen bekommen, abends um halb zehn, und erst als sie gegangen war, kam das Christkind. Jeden Samstag um zwei Uhr erschien Frau Bürgermeister, die sich immer so wichtig nahm und die jedesmal, wenn ich ihr "Guten Tag" gewünscht und meinen Knicks gemacht hatte, vor allen Leuten sagte: "Zeig mal, hast du auch deine Hände gewaschen?" Bis es einmal mit überwältigender Freundlichkeit aus mir herausfloß: "Natürlich, Frau Bürgermeister! Wenn ich weiß, daß Sie kommen, habe ich immer die Hände gewaschen, und auch die Fingernägel geputzt." Was mir hinterher ein ernstes Wort meiner Mutter eintrug. Überhaupt mußte sie mich oft ermahnen, nicht so widerborstig zu sein. Meine Schwester war viel beliebter bei der Kundschaft, sie sagte auch immer "ja, ja" zu allem, und ich sagte halt sehr oft "nein". Denn natürlich mußte auch ich schon als Kind im Laden helfen.

Ich mußte den Kundinnen die langen Haare mit dem Föhn trocknen und bekam dazu einen Fußschemel, weil ich sonst nicht hinaufgereicht hätte. Und allzugern ließ es mich die Frau Bürgermeister spüren, daß ich ihre Sympathien verscherzt hatte: hier war es zu heiß, da hatte ich zu stark mit dem Föhn gepustet, da monierte sie dies und jenes - nie konnte ich es ihr recht machen.

Später durfte ich auch Kopfwaschen - immer noch mit meinem Schemele, denn ich war sehr klein, eines Tages sogar den verehrten Kopf der Frau Bürgermeister. Und da geschah es: während meine kleinen Hände ein tüchtiges Schaumfest mit ihren Haaren veranstalteten, mischte sich heimlich, lautlos ein kleines Flöckchen Spucke darunter. Wie konnte ich jetzt liebenswürdig sein! "Wasche ich auch nicht zu fest, Frau Bürgermeister? Ist das Wasser in der Wärme so angenehm? Ist die Brause nicht zu stark?" - "So ist's recht, Rosele", lobte die Mutter, als wir allein waren. "Du bist schon viel besser geworden, du hast dich beherrschen gelernt!" Ach, war sie enttäuscht, als ich ihr sagte, freundlich könne ich bei den Schikanen der Frau Bürgermeister nur deshalb bleiben, weil ich ihr vorher "eigenmündig" auf den Kopf gespuckt hatte!

Für mich ist diese Erfahrung trotzdem sehr lehrreich gewesen. Ich habe mit ähnlichen Hilfen gelernt, Temperament und Widerspruchsgeist zu beherrschen. Ich konnte den Leuten, die mich in späteren Jahren schikanierten, natürlich nicht mehr auf den Kopf spucken. Aber ich habe dann Atemübungen gemacht, einmal tief Luft geholt und dann beim Ausatmen gesagt: "Du Schschschuft ... !" Atemtherapie und Seelenhygiene in einem. Es hat mich vor manchem unbedachten Wort und vor Verkrampfungen bewahrt.

Meine Mutter wußte gut zu erklären, und sie nahm sich immer Zeit für eine Antwort. Ich erinnere mich noch gut: Die Wirtin von nebenan hatte einen tief in den Zeh eingewachsenen Nagel und klagte über die Schmerzen. Mutter sah sich das Malheur an. "Rosele, bring mir doch mal eine Glasscherbe!" Damit fing sie an zu schaben, daß es nur noch so knirschte. Aber wo? Nicht an der Seite, wo der Nagel eingewachsen war, sondern in der Mitte. Ich war verblüfft. "Aber Mutter! Da doch nicht! An der Seite!" - "Ich weiß", antwortete Mutter, und feilte seelenruhig weiter. "Weißt du, in dem Nagel sind viele Gendarmen", sagte sie dann. "Sobald die merken, daß ich dem Nagel in der Mitte etwas weggenommen habe, sorgen sie mit aller Kraft dafür, daß die Kerbe wieder gefüllt wird. Dann hat der Nagel nicht mehr genug Material, um auf der Seite einzuwachsen".

Viele Jahre später hat mir diese einfache Erklärung die Augen für eine wichtige kosmetische Erkenntnis geöffnet. Ich war zum Besuch der Weltausstellung in Paris, und auf den kilometerlangen Besichtigungsgängen hatten sich Pariser Schuhe und

Schwarzwälder Füße nicht sonderlich vertragen, ich ging also zu einem "Chiropädisten" zur Pediküre. Damals hatte ich schon eine Ahnung von Fußpflege, wußte, daß man bei einem eingewachsenen Nagel vorn ein kleines Dreieck aus der Mitte herausschneidet um die Spannung im Nagel zu verändern, und war darum ganz erstaunt, wie ich den Mann - es war ein Chinese - die Nagelmitte auf der Oberfläche abflachen sah. Mit einer Glasscherbe! Mit einemmal stand die Szene im Acherner Baderstüble lebhaft vor meinen Augen. Ich sah meine Mutter auf dem roten Plüschsofa und mich auf dem Kinderschemel davor. Ich hörte ihr Gleichnis von den Gendarmen, das für über 30 Jahre aus meinem Gedächtnis geschwunden gewesen war, und es fiel mir wie Schuppen von den Augen: Was man der Natur nimmt, das sucht sie mit doppelter Kraft zu ersetzen. Das hab ich in der Kosmetik auch beobachtet. An den Stellen im Gesicht, wo junge Mädchen kräftig die Haut mit Mandelkleie abrubbeln, bildet sich eine dickere Hornhaut, weil die Natur den Mangel ausgleichen will und dabei meistens überreagiert. Der kurze Weg ist halt nicht immer der Beste.

Aber nun habe ich weit vorgegriffen. Damals, in jenen Kindertagen zwischen Katzen, Hunden und Zelluloidpuppen, die ich der Mutter reparieren half - sie war auch der geschickt-este Puppendoktor des Städtchens -, damals schien es jederman selbstverständlich, daß ich als Friseuse im elterlichen Geschäft bleiben würde. So selbstverständlich, daß mich niemals jemand nach Berufswünschen gefragt hat. Für mich stand allerdings fest, daß ich Dentistin werden wollte. Seit dem Tag, an dem ich Vater mit der Zange einen Zahn ziehen sah. Ein Griff, ein Ruck und der Zahn war raus, und Vater um 50 Pfennig reicher. Ist das nicht ein Traumberuf? So schnell und so leicht konnte man sicher nirgends Geld verdienen. Haarschneiden, das viel länger dauerte, brachte nur 20 Pfennig, Rasieren sogar nur 10.

Etwas später schien mir ein anderer Beruf noch verlockender: Haarwasserproduzent. Schon lange hatte ich beobachtet, was von den vielen Töpfen, Tiegeln und Flaschen, die ich jeden Tag abstauben mußte, am besten verkauft wurde: Zuckers Brennesselhaarwasser! Das mußte doch ganz einfach zu machen sein. Brennesseln gab es ja genug. Und Zucker ... So genau paßte Mutter auf die Zuckerdose auch nicht auf. Mein

15

Entschluß war gefaßt. Ich sammelte Brennesseln, einen ganzen Busch, stopfte ihn in eine Flasche mit Wasser, schüttete ordentlich Zucker hinein - nach dem Motto: "Viel hilft viel" und ließ das Ganze in der Sonne ziehen. Hatte nicht auch der Vater seine Kräutersäfte immer in die Sonne gestellt? Nun brauchte ich nur noch ein Opfer, an dem ich mein Produkt ausprobieren konnte. Mariele, unser Nachbarskind, das ganz dünne, feine Haare hatte, war bald überzeugt, diese Haarkur dringend nötig zu haben. Aber der Erfolg war verheerend. Immer wieder mußte Mutter der armen Mariele den Kopf waschen, bis der Kamm keine Zähne mehr verlor. Dr. Zucker scheint sein Präparat wohl doch auf andere Weise hergestellt zu haben, denn mein erstes Erzeugnis war glatt mißglückt.

Von nun an betrachtete ich die Tiegel und Fläschchen im Regal mit größerem Respekt. Was mußten die Leute alles wissen, deren Name auf diesen Etiketten stand! Was hatten sie alles gelernt! Und wie wenig ließ sich in einem Friseurgeschäft lernen, in dem man immer nur der ewige Gehilfe war ... Haare waschen, Haare trocknen, Regale wischen, Botengänge hierhin und dorthin, ausfegen. Und nach Ladenschluß im Stüble droben den Tisch decken, Geschirr spülen, Handlangerdienste. Eines Abends kam es aus mir heraus. Mutter stand gerade am Herd, als ich aus dem Salon kam. "Zehn Köpfe hab' ich heut gewaschen, zehnmal Haare getrocknet. 16 Jahre bin ich jetzt alt, und ich kann mehr als das! Ich will in eine richtige Lehre gehen. Es gibt ja genug Stellen, ich will fort!" Mutter klatschte ein Ei in die Pfanne. "Fort? Jetzt, im Krieg, wo wir sowieso nicht wissen, wie wir mit allem fertig werden sollen? Das schlag dir nur aus dem Kopf!" Nach dem Essen bohrte ich weiter. "Ich will fort! Ich will was Rechtes lernen." Nun drehte Mutter den Stiel um. "So, was Rechtes willst du lernen? Das kann man im Kloster Rottenburg, dann bring' ich dich ins Internat."

So kam ich in die Klosterschule, saß in der Schulbank wie eine Blume in einer zu engen Vase und heulte mir im Schlafsaal die Seele aus dem Leib. Nach einem halben Jahr hatte der Anstaltsleiter Mitleid und schickte mich heim, krankheitshalber. Aber so schnell gab Mutter nicht auf. Sie meldete mich in der Acherner Handelsschule an. Ich lernte Buchhaltung, und der Nachmittag sah mich wieder Haare waschen, Regale wischen, den Salon ausfegen. Da wurde ich wirklich krank. So krank, daß Mutter Gewissensbisse bekam. "Wenn du nur wieder gesund wirst. Dann fahren wir nach Karlsruhe, zu Klär & Schiemann, das ist der erste Friseur am Platz. Bei dem fängst du als Volontärin an." Acht Tage später war ich gesund.

*Zwei Anrufe am gleichen Tag, zwei Anrufe und ein Thema. Vielleicht ist es äußerlich ruhiger geworden um die Jugend, die Zeitungen berichten nicht mehr täglich von Demonstrationen, Schulstreiks, demolierten Konzertsälen; dafür häufen sich die Alarmmeldungen aus den Familien, gerade aus den angesehenen Familien der Stadt. Der Sohn eines Direktors zieht mit einer Zen-Gruppe gen Indien; die Tochter eines bekannten Künstlerehepaars hat ein erfolgreich scheinendes Studium abgebrochen und ist verschwunden. Unruhige Jugend, enttäuschte Eltern, verstörtes Bürgertum ... Es ist eine bittere Erkenntnis, daß gerade der so hart erarbeitete Wohlstand, die relative Sicherheit der Existenz einem Teil der Jugend unerträglich scheint. Daß die klar vorgezeichnete Lebensbahn sie lähmt und langweilt. Ich kann verstehen, was sie zum Aufbruch treibt. Sie fühlen sich um etwas betrogen, was das Vorrecht der Jugend ist: Sich die Zukunft selbst zu erobern, ins Unbekannte aufzubrechen, zu kämpfen für sein eigenes Ideal, für etwas, das neu und anders ist und ihnen allein gehört. Auch ich war auf der Suche nach einem Ideal. Ich ahnte es nur unklar, ich hätte es zunächst nicht genau beschreiben können, aber ich suchte, versuchte und ließ nicht davon ab. Eine Kette von Hindernissen, von Schwierigkeiten, von Umwegen, die Irrwege schienen, und die doch beigetragen haben zu dem, was ich geworden bin, was meine Kosmetik geworden ist.*
*Wenn ich sie vorüberziehen lasse, diese Kette von Aufbrüchen, Erfolgen, Rückschlägen und neuem Beginn, dann wünsche ich mir, daß dieses arbeitsvolle Leben meinen jungen Kolleginnen Mut macht. Daß es ihnen hilft, aus Fehlern zu lernen und Niederlagen schließlich doch noch in Siege zu verwandeln. Denn um sich in der Kosmetik durchzusetzen, dazu braucht es mehr, als geschickte Hände und Verstand, mehr, als Lotionen und Cremetöpfe: man braucht den unverdrossenen Fleiß der Ameisen, die Sensibilität eines Virtuosen und die Standfestigkeit eines Stehaufmännchens.*

# Karlsruhe

Karlsruhe war nur der Anfang einer ganzen Reihe von Stationen. Wenn man 18 Jahre alt ist und an Mutters Hand in die Landeshauptstadt kommt, dann kann man auch in Karlsruhe meinen, am Tor der Welt angelangt zu sein.

Aber nur so lange, bis man erkennt: es ist im Grunde nicht mehr als 20 aneinandergebaute Achern, mit zwanzigmalsovielen Handwerkern, Geschäftsleuten und vierzigmalsovielen Beamten. Nein, Karlsruhe war nicht das Tor zur Welt, das erste Geschäft am Platze war auch nur ein Friseurgeschäft, und hinter dem klangvollen Namen "Volontärin" verbarg sich das gleiche "Mädchen für alles", das ich schon daheim gewesen war. Farbtöpfe halten, Bleichnäpfe reichen, Haare waschen, Haare trocknen oder auch Kaffee holen und den Salon ausfegen. Und keine Aussicht, schnell in die Reihe der fertigen Friseusen aufgenommen zu werden.

Aber ich gab nicht auf. War ich nicht die Tochter meiner Mutter? Eine neue Frisur war in Mode gekommen, eine Langhaarfrisur mit einer weichen Welle über den Ohren wie Scheuklappen. Die Schwierigkeit beim Frisieren lag darin, die Wellen auf beiden Seiten in gleicher Höhe zu ondulieren. Das war nicht einfach, und auch die "Ausgelernten" mußten diese Frisur erst üben - genau wie ich. Darin sah ich meine Chance. Jeden Abend holte ich mir ein anderes Modell auf mein Zimmer, reihum alle jungen Dienstmädchen der Nachbarschaft, und legte die neue Frisur. Ich zeichnete Striche an die Schläfen, wo ich die Welle ansetzen mußte, und übte die Frisur 80 oder 100 Male, bis die Scheuklappen saßen wie mit der Schnur gezogen. Dann lud ich zwei der Mädchen ein, natürlich die hübschesten. Ein Abendessen, ein Glas Wein. Dann: "Die Frisur, die ich euch vor 14 Tagen gelegt habe, die war doch gut, oder? Also: morgen kann ich sie euch noch einmal machen! Ihr geht zu Klär & Schiemann - du, Gretel, um zehn, und Berta, du um drei. Und wenn der Chef euch eine Friseuse zuteilen will, dann sagt ihr: 'Ich möchte von der Rosel bedient werden'. Hier habt ihr jeder zwei Mark, 1,50 Mark fürs Frisieren, und 50 Pfennig Trinkgeld; das bekomme ich ja wieder, wenn alles klappt." Und es hat geklappt! Gretel kam um zehn und wurde vom hohen Chef empfangen. Er stutzte, als sie den Namen Rosel nannte. Zweimal kam er vorbei, um nach dem Rechten zu sehen. Das erste Mal kurz und kritisch, das zweite Mal länger und recht erstaunt. Um drei Uhr, als Berta erschien und auch nach der Rosel verlangte, ging ihm ein Licht auf. Er wich mir nicht von der Seite, sah zu, wie ich Welle um Welle legte, und als die Frisur tadellos saß, meinte er schmunzelnd: "Wie oft hast du die Frisur eigentlich schon geübt, Rosel? Ich meine nicht hier im Geschäft, sondern daheim - abends? Du brauchst nicht rot zu werden! Wer was kann, kommt bei mir auch vorwärts. Du machst ab morgen in der Reihe mit."
Nun war ich Friseuse.
Ein politisch-wirtschaftliches Ereignis erlöste mich aus dem Status der fest zementierten Friseusen bei Klär & Schiemann: die Inflation. Die Mark begann zu stürzen, die Geldentwertung verschlang alles mühsam Ersparte - ein Vermögen. Das elterliche Geschäft wenigstens mußte erhalten werden, mit vereinten

Kräften. Für mich gab es noch ein anderes Motiv: meine Schwester hatte geheiratet und zog fort. Nun konnte ich im Salon die erste Geige spielen.

Ich packte also meine Koffer und fuhr nach Hause. Dort übernahm ich den schwersten, aber ertragreichsten Posten: den Außendienst. Auf dem gleichen Rad, mit dem schon Mutter ihre Sonntagsgroschen verdient hatte, machte ich jetzt meine Runde, Tag für Tag, bei jedem Wetter. Um sechs Uhr frisierte ich die Besitzerin der Gärtnerei, dann kam die Metzgersfrau, dann die Krämerin - jedesmal zehn Minuten. Die letzten waren die "reichen Leut", die ausschlafen wollten. Und Salo, mein kleiner Hund, war immer dabei. Wenn es regnete, war unter meiner Windjacke für uns beide Platz. Nur seine Schwanzspitze schaute unten heraus. Bis zu 16 Kundinnen erradelte ich mir pro Tag, allein im Frühdienst, wenn der Laden noch leer war; arbeitete dann im Salon bis abends sieben oder acht Uhr, sank um neun ins Bett und - las und las. Ich verschlang alles, was mir weiterhelfen konnte: Kräuterbücher, Schriften über Naturheilkunde, Schönheitspflege, Körperkultur. Und wenn es mir manchmal wirr und abstrus erschien, wenn ich manchmal auch die wissenschaftlichen Ausdrücke nicht verstand - es ließ mich nicht los, es faszinierte mich. Hier ahnte ich neue Ufer, die zur Entdeckung herausforderten, abenteuerlich und voller Möglichkeiten. Wenn ich wenigstens jemanden gehabt hätte, mit dem ich darüber hätte reden können! Aber zu Hause war niemand, der sich für Schönheitspflege interessierte. Auch meine Mutter hätte meine Gedanken als Firlefanz oder Schlimmeres abgetan. In Achern war ich auf dem toten Gleis. Wieder fühlte ich: Ich mußte fort. Weit fort. Nach Amerika, ins Land der unbegrenzten Möglichkeiten. Ich schrieb meinem Onkel, der drüben einen Friseurladen hatte. Er war bereit, mich aufzunehmen, und ich rüstete mich heimlich zur großen Fahrt.

Keine leichte Sache zur Inflationszeit, wenn das eben verdiente Geld schon zum andern Tag nur noch die Hälfte wert war! Was ich im Frühdienst erradelt hatte, durfte ich selbst behalten. Zehn Mark im Monat zahlte jede Kundin, die täglich frisiert wurde. Die eine zahlte am Ersten, die andere am Dritten oder Zehnten, und ich trug jeden Zehnmarkschein gleich ins Stoffgeschäft, um ihn mir zum Tageswert Gutschreiben zu lassen. Es kam allmählich eine ganze Aussteuer zusammen. Stück für Stück wanderte in den riesigen Überseekoffer unter meinem Bett, den ich heimlich gekauft hatte (ich habe ihn heute noch). Und erst, als auch die vom Onkel geschickte Schiffskarte in der Nachttischschublade lag, trat ich vor die Mutter hin und sagte: "Ich wandere aus. Nach Amerika. Zu Onkel ... " - Mutter traf beinahe der Schlag. Im wahrsten Sinne des Wortes! Sie antwortete nichts, sagte nicht ja und nicht nein, sie legte sich ins Bett und - war krank. Ich mußte sie gesundpflegen, saß an ihrem Bett, machte heiße Umschläge und warme Wickel. Zwischendurch schickte ich meine Schiffskarte zurück. Der Überseekoffer verschwand auf dem Speicher unterm Dach: Der Traum Amerika war - für diesmal jedenfalls - ausgeträumt. Natürlich gestand ich es mir bald ein: Das Ziel war zu weit gesteckt gewesen. Daß ich aus Achern heraus mußte, stand fest; aber ich mußte nüchtern und sachlich auf mein Ziel losgehen, Schritt für Schritt. Dieses Ziel hieß von jetzt an: Kosmetik. Und Kosmetik ist Sache der Großstadt und war damals ein Nebenzweig des Friseurhandwerks. So bewarb ich mich um eine Friseurstelle in München, erschrak, als ich erfuhr, wie wenig man mir dort bot, und packte dann doch zu, weil der Salon einen Namen hatte und weil er eben in München war, der einzigen, wirklichen Großstadt im süddeutschen Raum.

# München

Anheimelnd, fast gemütlich nahm mich München auf. Der neue
Chef sprach nur Dialekt und hatte eine derbe, beinahe bäueri-
sche Art, die mir aber lieber war als glatte, falsche
Freundlichkeit. Aber schon bei der Zimmersuche bekam ich die
Großstadt zu spüren. In jedem Viertel hatte München ein ande-
res Gesicht! Da lag, mitten in der Stadt, die Universität: würdig
und hoheitsvoll, mit der Alten und der Neuen Pinakothek.
Dann gab es Schwabing, das mir wie die Kolonie einer anderen
Welt erschien; so fremdartig kam es mir vor, fast exotisch mit sei-
nen Bohemiens. Und dann der Stachus: abends ein Strom von
Licht, knatternde Autos neben leisen Equipagen, hochmoderne
Eleganz mit Topfhut und kniefreiem Hängerkleid unterm Pelz.
Ein Strom, in dem ich versank, so klein kam ich mir vor in
Baumwollstrümpfen und Regenmantel. Und daneben die
Vorstädte, ländlich und bieder, Kneipen mit blankgescheuerten
Tischen und dicken, behäbigen Krügen vor ebenso dicken, behä-
bigen Männern. Draußen in der Vorstadt fand ich schließlich ein
Quartier bei einer Familie, die mich aufnahm wie ihr eigenes
Kind - war doch das Familienoberhaupt seinerzeit der erste
Lehrbub meines Vaters gewesen. Diesmal war mir die Stadt
doch zu groß, als daß ich ganz allein hätte bleiben wollen.
Dieses eine Mal war ich doch froh um den Schutz von
Bekannten.
Im Salon gab es keine Probleme: ondulieren, dann die "deutsche
Frisur", zu der man ein Dreieck an der Stirnmitte abteilte und
zu Zöpfchen flocht, die in Schnecken auf die Ohren gesetzt wur-
den; gelegentlich auch Schneiden, denn der Bubikopf und auch
die Dauerwelle waren im Kommen. Ich dachte schon, daß auch
hier nur mit Wasser gekocht werde, da gab mir der Chef ein zer-
zaustes Haarbündel in die Hand. "Dö Perück'n hot's nötig ...
Geh, Rosel, richt's her!" Ich starrte die Perücke an, dann den
Chef - aber der war schon in die nächste Kabine gegangen. Das
Ding kam mir vor wie ein Skalp. Noch heute gruselt's mich,
wenn ich nur daran denke. Was sollte ich damit machen? -
"Ganz einfach", sagte das Mädel von nebenan, "die kommt auf

einen Postichkopf, wird wassergewellt und dann in den Ofen gesteckt, zum Trocknen". Wassergewellt! Als ob ich je schon eine Wasserwelle gemacht hätte. Ich wäre am liebsten in den Erdboden versunken. Aber: das Ding mußte gerichtet werden, und zwar schnell. Ich zog also den Vorhang zu, machte meine Brennschere warm, dachte: Der Perücke tut's bestimmt nicht gut, aber auch nicht weh, und drückte die erste Welle hinein, mit dem warmen Eisen. Gab das einen Gestank! Meine Augen fingen an zu tränen, die Nase hat gestochen, und immer mußte ich denken: 'er muß es ja riechen! Das stinkt ja wie ein Teufelsbraten!' - Nach einer halben Stunde war die künstliche "Wasserwelle" mit Band und Nadeln gesteckt, ungespritzt, und im Trockenofen. Es war noch einmal gutgegangen, vielmehr: zu gut. Der Chef besichtigte mein Werk, staunte über die Lockenpracht und sagte: "Sauber, Rosel, a saubere Arbeit - dös macht mer vo jetzt ab koa andere mehr!". Also war ich Perücken-Spezialistin: Skalp-Friseuse. Zwei-, dreimal operierte ich nach meiner Methode, dann legte ich echte Wasserwellen, so gut es eben ging. Und es ging ganz gut. Von da an hatte ich beim Chef einen Stein im Brett.

Die Kolleginnen waren echte "Münchner Kindln". Noch bevor die letzte Kundin aus dem Laden war, zogen sie den Frisiermantel aus, und darunter kamen Roben zum Vorschein, die sie kaum von den feinen Damen unterschieden; Seidenstrümpfe und Stöckelschuhe, die bald zu einem Wagen trippelten, in Begleitung von ebenso eleganten, spitzen Shimmy-Schuhen. Denn das Leben war "flott" im München der 20er Jahre. "Flotte" Kapellen spielten zum Tanz; zu Schieber und Charleston. "Flotte" Kavaliere spendierten Champagner, und die Mädchen fanden einen Sektkübel viel amüsanter als die neueste Wasserwellenhaube im eleganten Salon. Neben ihnen war ich immer noch die Kleine vom Land, mit Nüttelscheitel und einem Knoten im Nacken. Wenn eine verspätete Kundin noch kurz vor Ladenschluß den Salon betrat, holte der Chef mich in die Kabine: "an Bubikopf, mußt noch helfen, Rosel. Und no a kloane Wasserwell'n für die gnä' Frau". Ein "kurzer Haarschnitt", das bedeutete eine gute halbe Stunde, eine "kleine Wasserwelle" hieß: mindestens doppelt so lange. Ich war abendfüllend beschäftigt, an Ausgehen war nicht zu denken.

23

Mir war das ganz recht. Was sollte ich allein in der großen Stadt? "Was die Rosel nur hat?", mochten die anderen denken. Wenn sie am Montag von ihren Erlebnissen berichteten, hatte ich nie etwas Ähnliches aufzuweisen. Sie hänselten mich oft. Und eines Tages fragten sie, ob ich nicht auch einmal ausgehen möchte, mit einem "netten jungen Mann", in ein "nettes kleines Lokal". Ich sagte nicht nein. Am nächsten Samstag war alles arrangiert. Der "nette junge Mann" war gefunden, ich hatte ihn mir selbst aus einem ganzen Sortiment kritisch ausgesucht. Unterm Frisierrnantel trug ich bereits mein "Bestes", und ich gab acht, daß es nur ja nicht knitterte.

Der Auserwählte, Blumenstrauß in der Hand, schlenderte bereits den Gehweg vor dem Salon auf und ab. Da - wieder der Stöckelschuh einer Kundin, wieder der bayrische Baß meines Chefs: "An Bubikopf, Rosel. Und no a kloane Wasserwell'n für die gnä' Frau!" Er schnitt das Haar, legte die Welle, ich reichte zu. Nahm schließlich mein Trinkgeld, zog den Frisiermantel aus und war darauf gefaßt, heute wieder brav nach Haus in die Vorstadt zu gehen. Aber - der nette junge Mann war noch da! Über eine Stunde war er tapfer auf und ab marschiert, seine Blumen ließen die Köpfe hängen, er seinen aber nicht: er war fröhlich, jetzt erst recht! Er winkte einem Taxi und fuhr mit mir in die "Silberne Kuppel". Dort war Tanz und Stimmung, und der nette junge Mann wollte mitschwimmen auf den Wellen der Vergnügtheit. Er tanzte gut, plauderte mit mir, ich fand ihn nett, aber fröhlich wurde ich nicht. Um mich war Jubel, Trubel, Heiterkeit, aber nichts konnte mich mitreißen. War ich es wirklich, die hier tanzte, war es eine Fremde, die auf seine Fragen Antwort gab, ihm aber kein Schrittchen entgegenkam? Die sogar den Wein im Glas stehenließ und früh, vor Mitternacht, vom Heimgehen sprach? Der junge Mann brachte mich in einem Taxi nach Hause. Einen Herzschlag lang dachte ich, daß die Nacht viel zu schön sei, um Taxi zu fahren, um nicht zu Fuß zu gehen, Arm in Arm durch den Englischen Garten. Dann hielt das Taxi vor meiner Tür. Wir sagten gute Nacht. Ich bedankte mich. Das Taxi wartete. Mein Begleiter stieg wieder ein und fuhr weiter, vielleicht nach Hause, wahrscheinlich zurück in die "Silberne Kuppel". Meine Enttäuschung war grenzenlos. Warum mußte ich so sein, so fremd und unnahbar, obwohl ich mich so sehr auf den Abend gefreut hatte? Vielleicht zu sehr. Hatte ich nicht erwartet, daß es so sein müßte, wie die Kolleginnen immer am Montag erzählten: "Phantastisch! Fabelhaft! Einmalig!"? Und hatte ich mich nicht, mitten im Trubel der Musik, plötzlich erinnert, daß manchmal eines der Mädchen am Montag sehr still war und gar nichts erzählte - erst später, wenn sie mit mir allein war? Dann klang manches ganz anders, nicht phantastisch und fabelhaft, sondern nüchtern und traurig. Aber vielleicht war auch nur die Kundin schuld, die dazwischenkam? Eines stand jedenfalls fest. Für mich war der Abend wirklich einmalig. Meine erste und letzte "Bekanntschaft" in München.

Von nun an ging ich, wenn die Arbeit getan war, mutig in den Abend hinaus und nahm auf meine Art Kontakt mit der Großstadt auf. Nicht das Nachtleben zog mich an, auch nicht die eleganten Modegeschäfte und großen Warenhäuser. Ich suchte in München das Schöne. Und ich entdeckte es in Antiquitäten. Es war eine harmlose Liebe, denn sie blieb zwangsläufig platonisch. Natürlich konnte ich mir keine Antiquitäten leisten - auch wenn das Anfangsgehalt von fünf Mark pro Woche inzwischen auf das fürstliche Salär von 20 Mark wöchentlich gestiegen war. Doch ich habe Stunden damit verbracht, hier einen Biedermeier-Schreibtisch, dort einen Barockschrank hinter der Scheibe genießerisch zu bewundern. Manchmal wagte ich mich sogar in den Laden. Ich gestand von vornherein, ich könnte nichts kaufen, sondern wolle nur das schöne Stück aus der Nähe sehen, und mehr als einmal bekam ich noch gratis Nachhilfestunden in Stil- und Möbelkunde dazu. Stundenlang stöberte ich in Antiquariaten nach alten Kräuterbüchern, wanderte an Regensonntagen durch die riesigen Säle der Pinakothek, fuhr bei gutem Wetter mit meinen Wirtsleuten ins Alpenvorland hinaus. Tegernsee, Schliersee, einmal bis Garmisch-Partenkirchen. Fast sind meine Freunde damals böse geworden, weil ich nicht dazu zu bewegen war, gleich mit der Bergbahn weiter bis auf die Zugspitze zu fahren. Aber - ich konnte nicht. Der Eindruck war zu stark, das Gebirgsmassiv zu mächtig, als daß ich es bequem in der Bergbahn sitzend geschenkt bekommen wollte. Ein andermal ja, in den Ferien vielleicht, wenn ich Zeit hätte, hinaufzusteigen und alles Schritt für Schritt in mich aufzunehmen, Bergsee und Klamm, Fels und Ferne und das ganze gewaltige Alpenpanorama.

Und die Kosmetik? - Da ging es mir ähnlich wie mit der Zugspitze. Der erste Eindruck war zu stark, als daß ich gleich hätte "einsteigen" können. Ich sah mich nur um. Ich sah unter dem Bubikopf, diesem glatten, geleckten Helm von Haar, mehlig geschminkte Gesichter, scharfe Striche von Augenbrauen und einen rosenroten Puppenmund. Larven ohne Persönlichkeit. Man machte Maske wie im Theater, eine Maske aus Schminke, Puder und Lippenstift. Mit Kosmetik, wie ich sie verstand, mit individueller Schönheit und Hautpflege hatte das nichts zu tun. Da erfuhr ich von meiner Chefin, daß man in Wien in der Kosmetik neue Wege geht. Daß man dort alles Künstliche ablehnt, die Schminke, die Farbe, die Chemie, und naturreine Kräuter verwendet.

Natur! Das war das Stichwort, auf das ich gewartet hatte. Ich mußte nach Wien - ich mußte dabeisein, wenn das entstand, nach dem ich so lange gesucht hatte: eine Kosmetik auf natürlicher Basis, echte Schönheitspflege.

# Wien

Wie unter einem inneren Zwang fuhr ich im Sommer 1925 nach Wien, zu Schwester Hemma und ihrer Naturkosmetik. Aber leider beschwor diese Dame die Natur nur zum allergeringsten Teil in Form von Kräuterauszügen und Pflanzentees und zuallermeist durch das Horoskopstellen, Pendeln oder einen tiefen Blick auf die Handflächen. Als sie schließlich anfing, für die einzelnen Charaktertypen unterschiedliche kosmetische Behandlungen auszutüfteln - unter Einbeziehung der Gestirnkonstellation, versteht sich -, packte ich enttäuscht die Koffer. Aber ich fuhr nicht heim. Wien hatte mich verzaubert, der Fiakertrott und die Wiener Gemütlichkeit hatten mich eingefangen. Ich stand unterm Steffel, fuhr hinaus nach Schönbrunn, mischte mich abends unter das Volk im Prater, genoß die Bilder, die Farben, die Gesichter. Die Wiener Frauen waren schön, so schön, daß ich sie mir genauer ansehen mußte und dabei entdeckte: Die meisten sind zurechtgemacht, auch am Vormittag, aber so geschickt, daß man schon ein sehr kritisches Auge haben muß, um die feinen Korrekturen zu entde-cken.
Das ist Kosmetik! Schönheitspflege ... Beim Schlendern und Schauen geriet ich eines Nachmittags ins elegante Diana-Bad und entdeckte ein Schild. "Frisier- und Kosmetiksalon Helene Pessel". Frisier- und Kosmetiksalon - das war es, was ich suchte. Und Frau Pessel suchte eine Friseuse! "Darf ich auch im Kosmetiksalon hospitieren und abends in die Kosmetikschule?" fragte ich schüchtern. "Wenn Sie Zeit finden - gern."
Ich fühlte mich im Vorhof des Himmels und ahnte nicht, daß es der Vorhof zur Hölle sein würde, ganze fünf Monate lang. Ich kam nämlich weder in die Schule noch in den Salon, der Tür an Tür mit den Frisierkabinen lag. Ich wurde niemals so früh fertig, daß es zum hospitieren oder für die Kosmetikschule gereicht hätte. Es ging mir wie Moses, schlimmer noch: Ich sah das gelobte Land vor mir, ganz nah, und habe es doch nie betreten dürfen. Wenn ich meine Arbeit getan hatte, war die Tür verschlossen, der Kosmetiksalon dunkel. Lange habe ich das nicht ausgehalten. Dann fuhr ich nach Hause, nach Achern zurück.

Viel hatte sich hier inzwischen geändert. Meine Schwester Elsa war mit ihrem Mann nach Kehl gezogen. Die altgewordenen Eltern hatten das Geschäft meinem Bruder Walter übergeben, und er nahm mich mit offenen Armen auf. Er kaufte mit mir zusammen ein Haus, überließ mir den Oberstock, eine Vierzimmerwohnung mit Bad. Wir richteten einen Spezial-Damensalon ein, hochmodern, für Wasser- und Dauerwellen. Ich stürzte mich kopfüber in die Arbeit. Bald mußte der Salon erweitert werden, so gut hatte die Dauerwelle in der Kleinstadt eingeschlagen. Ich arbeitete neue Kräfte ein, auf die ich mich auch verlassen konnte, wenn mich das Fernweh wieder einmal packen sollte. Fernweh - so nannten sie es daheim, wenn ich vorsichtig von einer möglichen Veränderung sprach. Aber es war nicht nur das. Es war mein alter Plan, der mir keine Ruhe ließ: die Kosmetik.

Im Herbst 1927 kamen Nachrichten aus Berlin, die mich alarmierten. Das Schönheitsfieber hatte diese Stadt gepackt. Alle Frauen sahen aus wie Asta Nielsen. Alle Illustrierten brachten im Text- und Anzeigenteil bestechende Fotos. Das Gesicht einer Frau in weißer Bandage - einer bildschönen Frau, die aussah wie eine mondäne Krankenschwester und im nebenstehenden Text versprach, daß Schönheit nur eine Frage des Vertrauens sei, des Vertrauens in sie: Elisabeth Arden. Diese Annonce war mir das Zeichen zum Aufbruch. Ich hatte die Illustrierte noch in der Hand, als ich zu meinem Bruder ging und ihm sagte, daß ich in Berlin arbeiten wollte, zumindest den Winter über. Ich packte meine Koffer. Ich ließ den Bruder und den neuen Salon im Stich und fuhr nach Berlin.

# Berlin

Berlin, damals eine helle, turbulente Weltstadt, ein Dorado der Karrieremacher, Literaten und Theaterleute, ein Treffpunkt der großen Welt, empfing mich. Ein aufgestörter Ameisenhaufen am Potsdamer Platz, ein Laufsteg der Haute Couture auf dem Kurfürstendamm, ein Musentempel am Gendarmenmarkt, und überall, wo immer man die Stadt betrat, ein Wirbel von Hast und Lärm, eine Salve von Eindrücken, die jeden Provinzler erst einmal umwarf.

Als ich abends um sieben Uhr am Anhalter Bahnhof ausstieg und eine Unterkunft suchte - oder vielmehr erst einmal nur das eine Ziel hatte: drüben, auf der anderen Seite des Bahnhofs-vorplatzes das Trottoir zu erreichen -, sanken meine hochfliegenden Pläne wie ein Kartenhaus zusammen. Auf dem Hotelbett landete ein Häufchen Elend, das nur einen Gedanken hatte: "Keine drei Tage hältst du es hier aus".

Nirgends ist man so allein wie mitten im Lärm einer Weltstadt, in einem schmucklosen, teuren Hotelbett. Aber man schläft auch darin ein, schläft traumlos durch den ruhelosen Nacht-lärm hindurch, wenn man müde ist. Und wacht mit dem Mut auf, die Herausforderung anzunehmen.

Am Nachmittag war ich am Ziel: Salon Weiser am Bayrischen Platz. Kein Frisiersalon, eher ein Frisierhaus mit dreimal soviel Kabinen wie bei Pessel in Wien. Jedoch standen in den Kabinen die gleichen Stühle, Spiegel und Apparaturen. Auch hier war der Dauerwellen-Apparat das Paradestück. Ich wartete ruhig, bis Herr Weiser Zeit für mich hatte, und zeigte ihm meine Empfehlung. Er stellte mich ein - zunächst auf Probe.

Zehn Tage später war die Probezeit vorbei. Ich war Dauer-wellen-Spezialistin, als einzige Frau unter 28 Männern. Über Kosmetik fiel kein Wort. Obwohl ich wußte, daß Weiser ein Labor hatte, in dem er Nagellack, Seife und Hautcremes her-stellte, hielt ich mein Interesse für die Kosmetik geheim. Die Wiener Erfahrungen hatten mir gereicht. Ich tat meinen Frisierdienst, als gäbe es für mich nichts anderes auf der Welt als Haarwickel und den Dauerwell-Apparat, so gewissenhaft, daß Weiser mich schon im ersten Monat nach Betriebsschluß zu sich kommen ließ: "Sie sind mein bestes Pferd im Stall, und das beste Pferd sollte man schonen. Daß weiß ich. Trotzdem habe ich genau das Gegenteil vor, ich will Sie noch mehr einspan-nen." Ich ahnte, was kommen würde. Mein Herz klopfte bis zum Hals- das ist der Start! Endlich. Aber ich sagte kein Wort. "Mein Frisiersalon läuft - das Labor dagegen ... Nagellack, Seife, eine Hautcreme, das sind kleine Fische. Was mir vor-schwebt, ist eine eigene Kosmetik, ein eigener Salon. Dazu brauche ich jemand, der mir an die Hand geht, Überstunden macht im Labor und bereit ist, einen Kosmetikkurs zu besu-chen." Es war der Start! Noch am selben Abend saß ich bis in die späte Nacht über seinen Aufzeichnungen.

Am nächsten Ersten begann ein Abendkurs bei "Kosmetik Reichalda". Ich meldete mich an. Was habe ich gelacht, wenn ich später an diese Schulzeit zurückdachte! Herr Direktor Vortmann kam uns vor wie Zeus persönlich. Er hatte einen Bart, den er gewiß jeden Morgen lange vor dem Spiegel behandelte, nach erlauchtem Muster. Er trug ihn nämlich genauso wie "Seine leider abgedankte Majestät". Und dann die Apparate im Lehrsaal, alle hochglanzpoliert und so effektvoll! Das knisterte und schlug Funken, das leuchtete "bengalisch": mal rot, mal blau, einem Prachtfeuerwerk nicht unähnlich. Vortmann sagte: "Erst muß man den Leuten imponieren, dann lassen sie alles mit sich machen." Das erste, was man damals machte, war ein Gesichtsdampfbad, ob es nun nötig war oder nicht. Dann wurde eine Art Coldcreme in die Haut massiert, bis sie glänzte wie eine Speckschwarte. Sodann wieder herunter damit, mit hochprozentigem Alkohol, der die Haut spannte wie einen zu engen Strumpf; wieder Coldcreme darauf und zum Schluß als Krönung des Ganzen eine Sauerstoffmaske. "Denn", so sagte Direktor Vortmann, "die Haut muß aufatmen wie ein Sommerfrischler an der See!" Sooft ich inzwischen über "Kosmetik Reichalda" gelächelt habe - ich habe dort die Grundbegriffe der Kosmetik, das ABC der Hautbehandlung gelernt. Nur eines ließ mir keine Ruhe: reinigen und fetten war notwendig, schön. Aber die Haut ist keine Chemiefaser, kein Mantel, den man ablegen kann, wenn er fadenscheinig geworden ist, sie muß ein ganzes Leben halten. Sie immer wieder zu säubern, reicht völlig aus, wenn man gesund und natürlich lebt, genügend Luft und Bewegung hat, gesund ißt, mit den Hühnern aufsteht und mit der Sonne schlafen geht. Dann erhält die Haut sich selbst. Kräftig durchblutet, von der Luft erfrischt, von gesunden Nerven exakt kontrolliert, erneuert sie sich ständig und stößt die alten, abgestorbenen Zellen von selbst ab. Aber die grauen, fahlen Gesichter um mich herum sprachen eine andere Sprache. Der Großstadtmensch lebt nicht mehr natürlich. Er wohnt in engen Mietskasernen, hastet durch Schächte von Straßen, sitzt stundenlang in einem licht- und luftlosen Raum, ißt verfeinerte, ausgelaugte Kost und stürzt sich wieder in die Arbeit, rennt abends nach Hause und wieder fort in neue Belastung, auch wenn sie "Anregung" oder "Vergnügen" heißt.

Er reißt sich hoch durch Nikotin, Alkohol, Kaffee - alles reine Gifte. Darunter leidet der Körper, der Kopf, die Lunge, das Herz und auch die Haut. Sie wird zu trocken oder zu fett, überempfindlich, träge, schlaff. Sie altert zu früh, Falten graben sich in das Gesicht.

Wie kann man der Haut helfen?

Ich hatte mein Diplom schon in der Tasche, als ich eines Abends der Antwort auf diese Frage näherkam. Es war nach einem Vortrag über Chiromantie. Vom Gehörten eher verwirrt als beeindruckt, kam ich mit einer älteren Dame ins Gespräch, die neben mir saß und dem Vortrag kritisch gefolgt war.

Dieses Gespräch war für mich etwas ganz Besonderes:

Wir sprechen auf dem Gang, dann auf dem Bürgersteig - schließlich fasse ich mir ein Herz und sage: "Ich würde noch so gern irgendwo ein Bier trinken, aber allein trau ich mich nicht in ein Lokal". So gehen wir zusammen noch in einen benachbarten Biergarten. Das Getränk wird serviert, das Gesprächsthema wechselt wieder. Und da die fremde Dame so interessiert zuhört, spreche ich nun von dem, was mich bewegt: Wie lange habe ich das alles für mich behalten müssen! - " ... und deshalb meine ich, man sollte erst einmal die Haut ganz genau untersuchen, nachprüfen, was ihr fehlt, bei jedem einzelnen, verstehen Sie?" - Die Dame lächelt. "Ich glaube nämlich, daß jede Haut anders ist, weil jeder Mensch anders ist. Was dem einen hilft, kann beim anderen schaden. Wenn jemand eine besonders empfindliche Haut hat, dann darf ich die Kompresse eben nicht so heiß machen wie bei einer ledrigen, fetten Haut."

Das Lächeln der Dame wird tiefer, sie scheint plötzlich sehr amüsiert. "Aber das muß Sie sicher langweilen. Ich rede und rede, und immer nur von Kosmetik, was Sie sicher gar nicht interessiert, und was Sie auch gar nicht nötig haben - bei Ihrer Haut". - Endlich antwortet sie mir: "Meine Haut ist eben anders als Ihre, Sie haben nämlich völlig recht. Außerdem - haben Sie schon einmal daran gedacht, daß es gar nicht damit getan ist, das Gesicht zu pflegen? Daß nicht nur die Haut, sondern der ganze Körper gepflegt werden muß?" - Ich staune, denn genau das habe ich mir auch schon gedacht. Leise sage ich: "Das ist ja das Verrückte an der Kosmetik! Jeder vernünftige Mensch, der gar nichts damit zu tun hat, weiß genau, was man eigentlich tun müßte. Aber die Fachleute sehen vor lauter Bäumen den Wald nicht mehr. Haben sie das - ich meine das mit dem ganzen Körper - ist Ihnen das jetzt gerade eingefallen?" Da lächelt die Dame wieder, fast mütterlich, und schüttelt langsam den Kopf. "Nun wird es wohl Zeit, daß ich Ihnen sage, wer ich bin: Mein Name ist Elise Bock." - Ich traute meinen Ohren nicht. Die Dame, der ich eine halbe Stunde lang von Kosmetik vorschwärme, ist Elise Bock-Schröder, die erste deutsche Kosmetikerin überhaupt - und: mein Idol! In meiner Verlegenheit rette ich mich in die Frage: "Aber - aber warum sind Sie dann in den Vortrag über Chiromantie gegangen?" - "Aus dem gleichen Grund wie Sie, weil mich alles interessiert, was mit dem Menschen zu tun hat, was helfen kann, ihn zu erkennen. Denn jeder Mensch ist anders, jede Hand und auch jede Haut. Das ist nämlich auch meine Meinung. Aber ... " - 'Jetzt', denke ich, 'jetzt wird sie mir die Leviten lesen, weil ich mit dem bisher in der Kosmetik Erreichten so unzufrieden bin'. Aber es kommt anders, sie fährt fort: " . . . das nächste Mal setzen wir uns nicht mehr in ein Lokal. Bei mir zu Hause ist es viel gemütlicher. Und richtig fachsimpeln kann man nur daheim, wo das Material gleich bei der Hand ist."

# Elise Bock

Die Sonntagsbesuche bei Elise Bock waren meine eigentliche kosmetische Lehrzeit. Schon nach der ersten Einladung durfte ich meinen Chef mitbringen, und da Herr Weiser die konventionelle Kosmetik vertrat, ergab sich zwanglos eine fruchtbare Diskussion. Ich saß zwischen meinen streitbaren Lehrern und lauschte auf jedes Wort. Wenn mir ein Wort nicht geläufig war, verschwand ich auf die Toilette und schrieb es dort auf ein Stück Papier, um es in einer ruhigen Stunde in einem Fachbuch nach-zuschlagen - oder es mir von Herrn Weiser erklären zu lassen. Aber auch aus der Art, wie Elise Bock ihre Patientinnen zu nehmen verstand, habe ich viel gelernt.

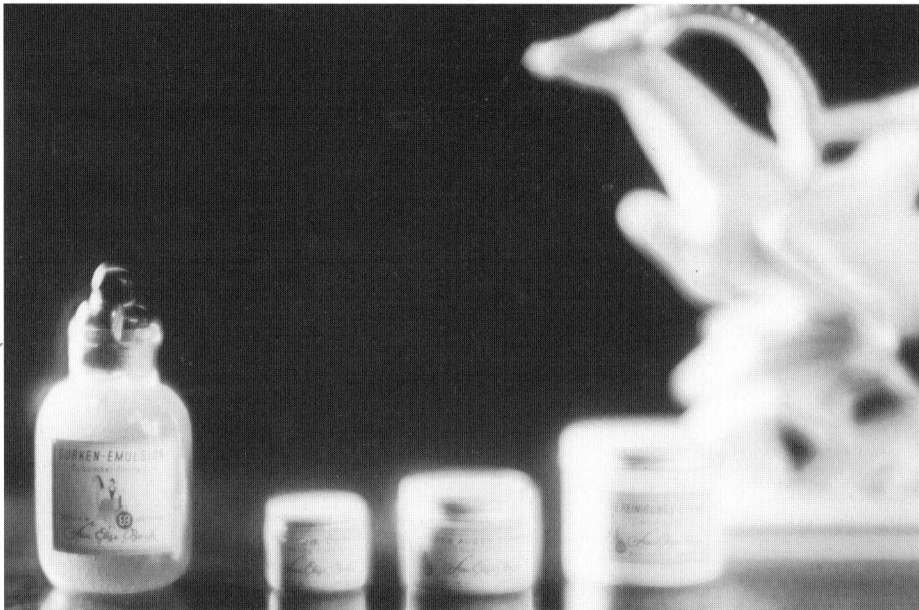

Eines Tages hatte sich mein Chef wieder einmal richtig heißge-redet über ein Problem, mit dem sich jeder Kosmetiker herum-zuschlagen hat: die Trägheit der Klientinnen. "Wie kann die Haut jung und elastisch bleiben, wenn sich die Kundin den gan-zen Tag auf Polstern reckt? Polster erzeugen wohl oder übel wieder Polster - an den unpassendsten Stellen!" "Tja", meinte Elise Bock, "da hilft nur Leinsamen-Gel!" Weiser horchte auf. "Ein neues Mittel?", fragte er. "Ein todsicheres! Ich habe es neulich bei einer Dame erprobt, die sich fast ausschließlich von Gänsebrust und Sahnetörtchen ernährt. Es war hoffnungslos, den Appetit der Dame zu zügeln. Auch der Rat, sich täglich eine halbe Stunde trocken zu bürsten, wurde nicht befolgt. Da habe ich ihr ein Spezialpräparat gemixt, das natürlich nicht für jeden erschwinglich ist -eben Leinsamen-Gel. Das sollte die Patientin an allen gut gepolsterten Stellen so lange in die Haut reiben, bis das Gel völlig von der Haut aufgenommen worden ist; davor und danach wurden Messungen vorgenommen. Der Erfolg war verblüffend: Die Haut verlor ihre Schlaffheit, war kräftig durchblutet, und die Pölsterchen schmolzen langsam dahin." Weiser zückte sein Notizbuch. "Also - Leinsamen-Gel ... " Elise Bock lächelte: "Sie können ebensogut jede andere Art von Vogelfutter nehmen". - "Wie bitte?" - "Herr Weiser! Haben Sie noch immer nicht verstanden? Nie im Leben hätte ich die Patientin dazu gebracht, sich 20 Minuten lang trocken zu bürsten. Aber mit dem teuren Spezialpräparat, das erst völlig in die Haut eingerieben werden mußte, um Wunder zu wirken, damit habe ich dann tatsächlich Wunder gewirkt! Die Prozedur hat länger als 20 Minuten gedauert, und die Dame ist dabei ganz schön ins Schwitzen geraten".

Das war typisch Elise Bock. Sie hat auch die nachlässigste Patientin zur Mitarbeit verleitet, auf eine versteckte, aber desto erfolgreichere Art, die mich immer wieder an meine Mutter erinnert hat. Doch ich hatte in Elise Bock nicht nur die ideale Lehrerin gefunden, ich war nicht nur ihre gelehrigste Schülerin, sondern bald erwuchs aus der Interessengemeinschaft eine Freundschaft, die ein Leben lang dauerte. "Böckchen", wie ich sie später nannte, blieb für mich die "Mutter der Kosmetik".

Elise Bock hatte damals unter dem Namen "Jofrine" zwei Institute in Berlin, in der Knollmannstraße und am Savignyplatz. In der Budapester Straße war ihre schärfste Konkurrenz, Elisabeth Arden. Am Kurfürstendamrn/Ecke Uhlandstraße befand sich das Institut "Grace Beauty-Culture", in dem die rhythmische Massage gepflegt wurde. Und zu unserem Leidwesen gab es da noch andere "Institute". Recht viele sogar! Diese nannten sich "Massage-Salon mit Spezialbehandlung". Ihre Behandlung war so speziell, daß sich sogar die Polizei dafür interessierte und dem einen oder anderen Salon entschlossen das Handwerk legte, weil es einen zu goldenen Boden hatte.

Von all dem wußte ich nichts, bis ich eines Tages mit einem Landsmann aus Achern, dem Dirigenten Heinrich Burkhardt, zusammentraf. Er kam gerade vom Berliner Funkhaus und rief mich auf der Straße an:

"Hallo, Rosel! Was machst du denn in Berlin?" - "Ich bin bei Weiser Friseuse und Kosmetikerin", rufe ich ihm zu. "Kosmetikerin ... !?" entsetzt dreht er sich sofort um, ob ihn auch niemand gehört hätte. Er kommt über die Sraße und sieht mich von oben bis unten an: "So siehst du aber gar nicht aus!" Ich wehre mich: "Das ist ein Beruf wie jeder andere." Aber er läßt nicht locker. "Kosmetik-Salons - das sind doch zwielichtige Absteigen. Für ein Mädel von Wölfles ist das nichts! Sieh zu, daß du da schnellstens herauskommst".

Ich war so empört, daß er mich überzeugen mußte, daß sein Vorurteil auf realen Fakten gründe. Auch als ich ihm mit viel Mühe klargemacht hatte, daß nicht alle Kosmetik-Institute solche "Salons" seien, schien er mich noch zu bedauern: "Eure Institute werden sich kaum halten können, neben den andern!"

Zum Glück haben sie sich gehalten, sehr gut sogar!

Die Kosmetik spielte eine immer größere Rolle in diesem aufregenden, schönen Berlin 1929! Diese schaffensfrohe, erfolgreiche Zeit zwischen Labor und Friseurkabine, zwischen Herrn Weisers chemischen Formeln und Elise Bocks mütterlichem Rat wurde jäh durch ein Telegramm beendet. Es rief mich ans Totenbett meiner Mutter.

# Wieder Daheim

Die Nachricht traf mich wie ein Schlag. Ich war in der letzten Zeit etwas schreibfaul gewesen, ich hatte tief in meiner Arbeit gesteckt. Nun packte ich in aller Eile etwas zusammen, nahm den nächsten Zug nach Hause und - kam zu spät. Mir war die Mutter alles gewesen. Wenn ich einmal ganz verzweifelt war, weil sich ein Problem einfach nicht lösen wollte, habe ich an sie gedacht, die immer einen Rat gewußt hatte, und bald war der Ausweg gefunden. Auch nach ihrem Tod, in meinem ganzen Leben, habe ich oft in verzweifelten Tagen ihren Beistand und ihre Hilfe gespürt. Ihr Heimgang hinterließ eine entsetzliche Lücke - eine Lücke, die ich versuchen mußte zu füllen. Nun erging es mir wie ihr, die nach der Hochzeitsreise drei Lehrbuben, drei Kinder aus erster Ehe und ein Hausmädchen vorfand: Ich hatte von einem Tag auf den anderen einen Haushalt von zehn Personen zu steuern, denn die Lehrlinge im Geschäft saßen alle mit am Tisch. Dazu brauchte das Geschäft eine energische Hand. Ich arbeitete wie ein Pferd, aber - ich fühlte mich in Achern lebendig begraben. Der Alltag fraß all meine Kräfte auf, an ein Weiterarbeiten in der Kosmetik war nicht zu denken. Die Welt war zugesperrt -mir schien- für immer.

"Nun kannst du nie mehr fort", dachte ich. Und dann. "Da kannst du ebensogut heiraten und Kinder haben." Der Gedanke war verlockend, nicht mehr alles allein tragen zu müssen, jemanden zu haben, der für mich da ist. Denn es gab jemanden, der für mich da sein wollte. Seine scheue, zurückhaltende Art hatte schon Eindruck auf mich gemacht, als er noch bei Vater frisierte; inzwischen besaß er in Kappelrodeck ein eigenes Friseurgeschäft. Sein Name war Otto Heim. Nun war ich bereit, "ja" zu sagen, auch wenn ich kein Herzklopfen dabei bekam. Mein Mann kam in das väterliche Geschäft und nahm mir dort die Hauptsorgen ab, während ich den Salon in der Eisenbahnstraße mit meinem Bruder zusammen weiterführte. Ich konnte wieder an mich denken, richtete mir ein kleines Labor ein, plante den Start eines Kosmetiksalons in Achern, nachdem mich Elise Bock besucht und in meinem Vorhaben bestärkt hatte.

Im November kam meine älteste Tochter Anemone zur Welt. Anna-Monika mußte sie getauft werden, weil die Schwestern im Krankenhaus befanden, daß Anemone kein christlicher Name sei; und es sah ganz so aus, als hätte meine Anemone ihre Ankunft in dieser Welt alsbald bereut. Sie war zwei Monate zu früh gekommen, litt an einem Magenpförtnerkrampf und spukkte alle Nahrung wieder aus; schweren Herzens brachte ich sie nach Karlsruhe ins Kinderkrankenhaus. Dort wollte der Professor schließlich operieren. Doch als der Assistenzarzt mir zuflüsterte, wenn ich das Kind alle 30 Minuten mit der Pipette füttern würde, könne es die Nahrung vielleicht behalten, nahm ich Anemone mit nach Hause, auf eigene Verantwortung. Ich saß Tag und Nacht an ihrem Bettchen, fütterte sie tröpfchenweise und hatte sie endlich, endlich überm Berg. Sie war jedoch von den Fersen bis zum Hals wundgelegen und alles Pudern wollte nicht helfen. Und so sah ich im wunden Popo meiner Tochter meinen ersten "Auftrag", einen Wink des Schicksals, eine Kinder-Spezialcreme anzurühren. Mit ihr wollte ich mir selbst beweisen, was ich gelernt hatte.

Ich mischte Grundstoffe, von denen ich wußte, daß sie unschädlich sind und dennoch heilen und wasserabstoßend wirken: Euzerin, Lebertran, Zinkoxyd, Azulen. Und tatsächlich, einen Monat später war Anemones Rücken heil ... Ich hatte schon fast vergessen, was ich alles hineingemixt hatte, als der Kinderarzt mich um etwas Creme für sein eigenes Baby bat, das eine wunde Stelle an der Brust hatte. Auch hier half die Creme so gut, daß der Arzt sie überall empfahl, wo ein Kind an wunden Stellen litt. Wieder und wieder mußte ich sie anrühren. Auch unsere Nachbarin bekam davon, ihr Baby war ebenso wund, und sollte zur Taufe doch gesund sein, und ruhig im Kissen liegen. Als sie an sich selbst einen schlimmen Hautausschlag bemerkte, sagte sie sich: Was der Haut des Babys guttut, kann auch für mich nicht schlecht sein. Sie rieb die Creme also nicht nur auf den Kinderpopo, sondern auch auf ihr Gesicht. Und beides war bei der Taufe gesund und schön. Von da an war "Creme Anemone" - so nannte ich stolz mein erstes Produkt - in Achern ein Begriff. Ich half damit aus, wo immer mich jemand um eine Kinder-Spezialcreme bat, experimentierte dann mit Cremes, denen ich Johanniskrautöl zusetzte, rührte auch sie nach Wunsch für diese oder jene Kundin zusammen. Bald war ich so mit Aufträgen überhäuft, daß ich nicht mehr alle Wünsche gesondert erfüllen konnte. Ich stellte also bestimmte Standard-Präparate her, die eine Behandlung nach Hautsymptomen möglich machten. Allmählich entstand daraus ein ganzes Hautpflegeprogramm - die Hautpflege Rosel Heim. Creme für Creme baute ich die Kollektion auf, füllte sie in schwarze Töpfchen von den Lausitzer Glaswerken und verkaufte sie im Friseurgeschäft.

Die Qualität meiner Präparate sprach sich herum. Kurgäste kamen von Hohritt, wo Paula Huber Künstler von Bühne und Film um sich versammelte, aus Sasbachwalden und aus den großen Hotels an der Schwarzwaldhochstraße. Damit war der Anfang einer eigenen Produktion gemacht - wenn auch zunächst klein und bescheiden.

*Nachmittag mit Lil Dagover, Gespräche wie in alter Zeit. Sie kam vom Spaziergang und hatte große Neuigkeiten: Eine Tournee als "Irre von Chaillot" von Giraudoux, die ihr Abschied von der Bühne sein soll. Was ich gar nicht glauben kann - und sie selbst wohl auch nicht. Hat sie nicht erst kürzlich in Dürrenmatts "Besuch der alten Dame" ein internationales Publikum begeistert und alle Kritiker dazu? Lil Dagover, für Jahrzehnte die Grande Dame des deutschen Films, Verkörperung sensibler, feindifferenzierter Frauengestalten auf den größten Bühnen, ein Begriff für zwei Generationen, immer noch schön, gütig, nobel, von reiner, starker Ausstrahlung und - siebzig! Keiner möchte es glauben, der sie sieht. Ist sie ein "Wunder", wie die Kritiker oft schreiben? Eher ein Beweis dafür, daß nur die beseelte Schönheit den Menschen anrühren kann, und alle wahre Schönheit zeitlos von innen strahlt.*

*Eigentlich wollte sie nur schnell hereinschauen, aber wir haben den ganzen Nachmittag verplaudert, 40 Jahre fortgewischt, von Barlog und der UFA geredet, von Asta Nielsen, Brigitte Helm, Ida Wüst, Erika von Thellmann, Maria Paudier, Carola Höhn, Franziska Kinz, Willy Birgel und Rudolf Fernau - kurz, vom alten Berlin und seinen Stars, meinen Freunden von Bühne und Film.*

*Jetzt sind sie immer noch gegenwärtig, lebhaft, nah - als stünden sie um meinen Schreibtisch herum, an den ich mir die rosa Lampe hole, um nieder- zuschreiben, wie es möglich war, daß diese großen Stars, die bewunderten Idole ihrer Zeit, einer unbekannten Kosmetikerin aus der Provinz ihr Vertrauen schenkten. Und oft ihre Freundschaft, ihre Treue - ein Leben lang.*

Meine "Goldene Maske" war das Sesam-öffne-dich zu den Künstlerkreisen Berlins. Natürlich nannte ich sie nicht gleich so. Aber seltsamerweise hatte ich augenblicklich das Gefühl, vor einem entscheidenden Schritt zu stehen, als mir der Acherner Postbote einen Brief aus München brachte. Von einem Herrn Funk, Teilhaber der Firma FUVA, die Dauerwellapparate und Vulkanisierkessel herstellte. Er hatte durch eine Bekannte von mir gehört, die im Schwarzwald zur Kur gewesen war, eine Dame mit hochempfindlicher Haut und einem bösen allergischen Ausschlag. Ich hatte ihr, zuerst mit Geduld, Quark und Kamillentee, später mit einer eigens gemixten Spezialcreme, helfen können.

Der Brief: Herr Funk schrieb, seine Firma habe von dem deutschen Hautarzt und Schönheitschirurgen Dr. Strebel die Rechte auf eine kosmetische Neuheit erworben, die in den USA entwickelt, aber noch nicht ganz ausgereift sei. Nun suche er eine Kosmetikerin, die der Firma bei der Entwicklung und Erprobung an die Hand gehen könnte. Wenn ich Interesse daran hätte ...

Ich fuhr noch am gleichen Tag nach München. Dort zeigte man mir eine Maske aus vulkanisiertem Gummi, die straff über das Gesicht gespannt wird und die Haut nahezu luftdicht umschließt. Dr. Strebel hatte sie in St. Louis nach chirurgischen Gesichtskorrekturen verwendet, um die Regeneration der Haut, die nach einer Operation ja nicht massiert werden darf, zu beschleunigen. Während man in St. Louis aber den Gispabdruck direkt vom Gesicht nahm und danach die Maske goß und vulkanisierte, die Maske also die tatsächliche Gesichtsform hatte - also mit allen Fältchen, mit dem Doppelkinn - sollte diese neue Maske die Form eines Idealgesichts haben. Dr. Strebel band also erst das Doppelkinn hoch, paßte dann den Gummi dem Gesicht an und trug auf diese Idealform den Gips auf, der sich unter Wärmeabgabe verfestigte. Gips und Gummi wurden dann sorgfältig vom Gesicht gelöst, innen wie eine Zahnprothese ausgegipst und vulkanisiert. Das Ergebnis war eine individuelle Maske, die sich straff wie eine Bandage über das Gesicht spannte und Falten, Krähenfüße und Doppelkinn "wegbügelte". Ich erkannte sofort, daß durch eine solche Maske auf physikalischem Wege erreicht wird, was eine Nährcreme-Auflage oder eine Packung allein nur unvollständig erzielen kann: Die Haut wird warm, saugt unter dem Luftabschluß die Creme geradezu ein. Sie regeneriert sich heftig und zwar selbst. Und das Wichtigste: es handelt sich um einen kurzen Impuls, die Durchblutung wird nur angeregt. Das war die wirksame Kurzzeitbehandlung mit Nährcremes, nach der ich gesucht hatte! Immer wieder hatte ich meine Kundinnen davor gewarnt, eine Nährcreme die ganze Nacht auf dem Gesicht zu lassen. Denn nach einiger Zeit nimmt die Haut nichts mehr auf, statt dessen kommt es durch die Creme bald zu einem Wärmestau in der Haut, die dann am nächsten Morgen gedunsen und schlaff wirkt. Mit dieser Maske aber konnte man in kurzer Zeit den größten Effekt erzielen, und der Dauer-Wärmestau war vermieden. Es war "meine Maske", seit ich sie zum ersten Mal sah. Nur eines gefiel mir nicht daran: sie bedeckte nur das Gesicht. Der Hals war ausgespart und damit die Stelle, an der sich das Altern zuerst zeigt. Für mich war die Maske erst mit einem Halsteil komplett. Herr Funk ließ sich überzeugen und übergab mir die Maske zu Vervollkommnung. Mit Freude nahm ich diesen Auftrag an. Ich ahnte ja nicht, daß er mich monatelang einspannen und durch ein wahres Fegefeuer von Fehlschlägen jagen sollte. Schon der Gips war widerspenstig genug, wurde einmal gar nicht, dann wieder zu schnell hart, aber im Vergleich zum Gummi war er brav wie ein Osterlamm! Ich weiß nicht mehr, wie viele Gummiplatten ich verheizt habe, aber es sind sicher über hundert gewesen. Auch das Vulkanisieren hatte seine Tücken. Mal war der Ofen zu heiß, mal zu kalt, und oft ist das mühsam gewonnene Präparat zum Schluß verbrannt, weil er nicht rechtzeitig ausgemacht wurde. Jeden Abend habe ich den Elektro-Ofen aufgeheizt mit dem heiligen Schwur: Wenn es heute wieder nicht klappt, schlägst du ihn kaputt. Aber kaputt waren am Ende des Abends nur meine Nerven - und der Gummi. Drei Stunden lang mußte die Maske bei 300 Grad vulkanisiert werden, dann wurde der Gummi zwischen den zwei Gipsschichten fest. Der Gips wurde weggeschlagen, die Gummimaske blieb. Nach mühseligen Erprobungswochen hatte ich schließlich die erste Gesichtsmaske in meinen Händen. Sie saß und wirkte besser, als ich es je zu hoffen gewagt hatte. Die Nährcreme, die ich daruntergelegt hatte, wurde vollständig aufgesogen, die Haut war prall und gut durchblutet, und das alles innerhalb einer Viertelstunde.

Trotzdem gab es noch genügend an der Maske zu verbessern. Hier mußte noch etwas weg, dort noch etwas dran, und jede kleine Änderung verlangte einen neuen Guß, eine neue Vulkanisation. Endlich war eine Maske fertig, die uns beiden Spaß machte, meinem Modell und mir. Wir fuhren nach München, um sie in der FUVA vorzuführen, noch zweimal, dann war sie so, daß die FUVA sie akzeptierte, mich als Maskenspezialistin verpflichtete und in der Großstadtpresse die "Fuvana-Gesichtsmaske" ankündigte. Das Echo überraschte uns alle. Die Maske war **das** Kosmetikum für Menschen, die

Abend für Abend gut aussehen müssen, für die Prominenten von Bühne und Film. Ihre von Puder, Schminke und Scheinwerferlicht strapazierte Haut konnte mit der Maske jederzeit, überall und schnell regeneriert werden. Die Nährcreme wurde eingezogen, die Haut durch Wärme und heftige Durchblutung buchstäblich verjüngt.

Die erste Reaktion kam aus Berlin, durch die Vermittlung von Elise Bock. Ida Wüst hatte sich sehr interessiert gezeigt. Ich fuhr nach Berlin, nahm die Form ab, überwachte in München die Fertigung und brachte die Maske anschließend selbst nach Berlin. Köstliche Stunden trotz aller Mühe, wenn die "Großfürstin des Humors" ihre trockenen Bonmots versprühte. Die zweite Anprobe mußte zwischen zwei Auftritten in der Garderobe geschehen. Ida Wüst trug ein sündhaft tiefes Dekolleté und darunter "oben ohne", die Bändigung ihrer üppigen Formen allein zwei Streifen Heftpflaster anvertrauend. "Was machen Sie bloß, wenn sich mitten im Spiel das Heftpflaster löst?" fragte ich. Ida Wüst dröhnte glucksend. Dann sage ich: "Wohin rollst du, Äpfelchen?" (Es war der Titel eines Stücks, das am Kurfürstendamm damals einen großen Erfolg hatte). Ich verkaufte nicht nur die Maske und meine Kosmetik- Präparate, sondern ich gewann Ida Wüst, als Kundin und Freundin für immer. Ermutigt wandte ich mich an Lil Dagover, mit demselben Ergebnis.

Auch "Arabella" hatte bei Elise Bock eine Maske bestellt, jener neue Stern, der über Nacht strahlend in der "Skala" aufgegangen war, nicht ohne höchste Protektion, wie man flüsterte. Während der Pause sollte ich die Maske in der Garderobe anprobieren. Zunächst genoß ich, von meinem Platz neben Böckchen aus, den Auftritt der Diva. Das heißt, zunächst einen anderen Auftritt, denn der Vorhang blieb geschlossen, obwohl die Zeit der Vorstellung längst gekommen war; man wartete offensichtlich darauf, daß sich die Plätze in der Mitte der ersten Reihen füllten, die noch leer waren. Dann marschierte eine Gruppe von Männern in SA-Uniformen in den Saal und nahm auf diesen Sitzen Platz. "Der SA-Stabschef Ernst Röhm", flüsterte Böckchen. "Er ist jeden Abend hier". Dann rauschte der Vorhang auf und Arabella lag auf der Bühne, im wahren Sinne des Wortes, mit einer zwei Meter langen Raschelschleppe. Ich war beeindruckt von ihrem gewaltigen Kostüm, mehr als von ihrem Tanz, und fand mich in der Pause in der Garderobe ein. "Arabella" thronte halbentblößt auf einer Tigerfell-Couch und pumpte mit einer Saugpumpe an der Brust, wie man es bei unterentwickelten Busen tut, um das Wachstum der Drüsen anzuregen. Nur: "Arabella" war ein Mann. Ich wußte es, noch bevor mich die dunkle Stimme ansprach. Nein, jetzt hatte sie bzw. er keine Zeit; und auch nach der Vorstellung nicht, da warte eine Verabredung mit Röhm und seinen Herren. Ob ich nicht morgen abend ... ?

"Arabella" mußte ohne meine Maske auskommen. Als ich Böckchen auf dem Heimweg über die Röhm-Gruppe ausfragen wollte, war sie sehr schweigsam. Sie sagte nur einmal: "Gegen Hitler ist etwas im Gange". Wenige Wochen später las ich die Nachricht vom "Röhm- Putsch" in der Zeitung.

Ich weiß heute wirklich nicht mehr, wie oft ich damals nach Berlin und München gereist bin. Ich weiß nur noch, daß ich unter vielen anderen für Erika von Thelmann, Gerda Maurus, Carola Höhn und Maria Paudler Gesichtsmasken gemacht und sie alle auch als Kosmetik-Kunden gewonnen habe. Im nächsten Sommer hatten meine Masken sogar Hälse. Die Idee kam mir am Himmelfahrtstag. Mein Mann und mein Vater waren zu einer feucht-fröhlichen Herrenpartie ins Achertal gefahren, während ich zu Hause drei Masken abnahm, von Elise Bock, die auf der Rückfahrt von einer Vortragsreise durch die Schweiz bei mir Station gemacht hatte, und von zwei auswärtigen Kosmetikerinnen, die Präparate von mir bezogen. Als ich "Böckchen" den Gummi anpaßte, kam mir der Einfall: Ich machte zwei Einschnitte rechts und links des Unterkiefers und band das Gummistück hoch - der Hals war dran. Allerdings war mir das Ausgipsen der drei Masken für diesen Tag zu viel, ich legte sie ins Labor und legte mich schlafen. Bald darauf kamen meine beiden Herren recht heiter nach Hause. Mein Mann, von einer abgearbeiteten und gänzlich nüchternen Frau keineswegs mit gleicher Heiterkeit empfangen, schlich sich etwas kleinlaut ins Labor, sah die drei Masken auf dem Tisch, wollte sich wenigstens am Schluß des Herrentags doch noch nützlich erweisen und machte sich ans Ausgipsen. Zuvor jedoch schnitt er voller Eifer die unnützen Anhängsel weg, die er zu seiner

Verwunderung daran bemerkte - die Hälse. Ach, ich habe nicht geschimpft - ich habe geweint vor Zorn! Denn Elise Bock saß bereits wieder im Zug nach Berlin.

Die Maske hatte mir in kurzer Zeit einen Namen gemacht, aber das große Geschäft ist sie nicht geworden. Das Abnehmen war doch zu schwierig, und die Kosmetikerinnen, die den Gipsabdruck von ihren Kundinnen machen sollten, hatten nicht die gleiche Geschicklichkeit und auch nicht soviel Übung wie ich. So mußte ich jeden Monat für mehrere Tage selbst nach Berlin und München, um für andere Kosmetikerinnen die Masken abzunehmen; die Kundin hatte ja Watte auf den Augen und konnte nicht sehen, wer es tat. Mit einem Koffer voller Urformen kam ich dann zum Vulkanisieren nach Haus.

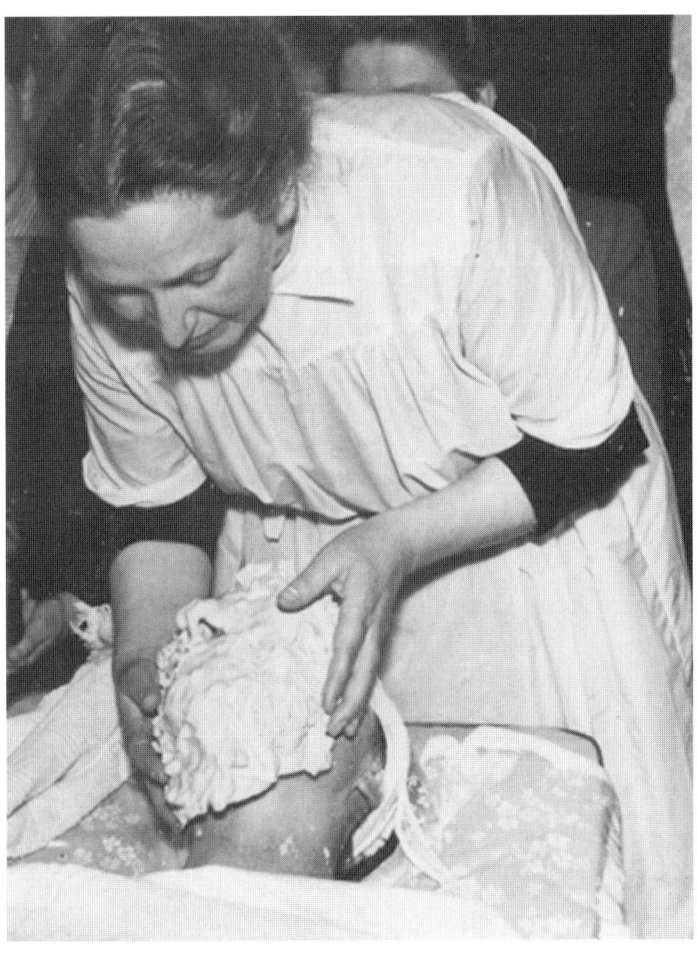

Mein Gott, was habe ich mich abgeschleppt mit diesen Dingern! Es lag auf der Hand, daß das keine Dauerlösung sein konnte. Ohnehin fiel mir der Abschied von Berlin von Mal zu Mal schwerer. Lag nicht hier, in dieser pulsierenden Weltstadt, die einzig mögliche Basis für meine kosmetischen Ziele?

Mein Achern war, das hatte ich gemerkt, nicht der richtige Platz für Kosmetik. Ich hatte zwar im 2. Stock unseres Geschäftes einen Kosmetiksalon eingerichtet. Auch kamen Leute, die gern behandelt wurden, meistens waren sie jedoch Opfer meiner Experimente, denn ich wollte ja immer alles ganz genau wissen. Aber mehr konnte ich nicht mehr rausholen: Achern war stinklangweilig, und ich wollte weiterkommen.

Wieder einmal Reisepläne. Diesmal für die ganze Familie; schweren Herzens hatte mein Mann eingewilligt. Der Umzug nach Berlin stand unmittelbar bevor, als wieder einmal das ganz Private seine Rechte anmeldete. Ich erwartete meine zweite Tochter. Doch ganz wollte ich nicht zurückstecken, ich suchte nach einer Zwischenlösung, diesmal in Baden-Baden.

# Baden-Baden

Eine Kurstadt mit Großstadt-Komfort und dem Fluidum von Welt. Für den streßgeplagten Asphaltmenschen ein Miniatur-paradies, für eine Kosmetikerin, wie mein Vater sagte, Wahnsinn: "Erst willst du nach Berlin, zu deinen Prominenten, zu den Filmstars und anderen verrückten Frauenzimmern, die sich die Fingernägel lackieren und die Augenbrauen zupfen - gut, das kann ich verstehen. Die wissen sowieso nicht, wohin mit dem Geld. Aber jetzt! Ausgerechnet Baden-Baden. Im Sommer ein Sanatorium, im Winter eine Toteninsel. Glaubst du, daß du auch nur einen Kurgast aus seinem Clubsessel, auch nur eine Badnerin aus ihrer Wohnstube lockst?"
Aber ich sagte mir: was kann schon passieren? Fange ich in der Vorsaison an, halte ich mich bestimmt über Wasser bis zum Herbst. Friert der Salon im Winter ein, kann ich immer noch mit kalten Füßen in mein Friseurgeschäft zurück. Also fing ich an.

Reinigungscreme . 2.—
Pfirsich-Tagescreme 3.—
Spezial-Nährcreme . 4.50
Enthaarungsstein . . 3.—

**Rosel Heim** *Kosmetik*
Baden-Baden, nur Lange Str. 17, I. Stock, Tel. 60766

In der Lange Straße 17 hatte ich mir ein Institut eingerichtet, klein, aber mit der modernsten Einrichtung, hatte die Miete für zwei Jahre im voraus bezahlt und deshalb alles ganz nach mei-nen Wünschen herrichten lassen dürfen. Da "Kosmetikerin" damals kein von der Handwerkskammer anerkannter Beruf war und ich noch keine Meisterprüfung im Friseurhandwerk hatte, schrieb ich an die Tür "Inhaber: Otto Heim."
Mein Mann hatte nämlich einen Meisterbrief und war Gewerbelehrer, damit hatte ich Ruhe vor der Gewerbepolizei.
In beide Schaufenster des Geschäfts hing ich große Fotos "mei-

ner" Schauspielerinnen - sie hatten mir reizende Briefe mit Glückwünschen und Bilder mit lieben, persönlichen Widmungen geschickt spontan, ohne gebeten worden zu sein. Nun hoffte ich, mit ihrem Konterfei Kundinnen zu gewinnen.

Meine erste Kundin war eine Engländerin. Sie wollte ein Rouge, das zu ihrem Kleid paßte: "Das heißt, nicht das gleiche Rouge wie am Kleid, sondern ein ganz anderes, aber wieder nicht so anders, daß es absticht ..." - Kurz gesagt: Ich habe dann an die 20 verschiedene Rouges gemacht, die alle nicht das Richtige waren. Ich habe selber schon rot gesehen, bis sie endlich in ein fröhliches Indianergeheul ausbrach und mich umarmte: "Oh, that's wonderful. That is exactly, what I thought of! Grand - marvellous - O.K.!" Ich habe ihr daraufhin zu jedem ihrer Kleider ein passendes Rouge gegossen, so, wie sie es wollte. Pudermischen war zwar nicht das, was ich mir für mein Institut vorgestellt hatte, aber: ich hatte Kundschaft.

Als der Herbst kam und die Ausländerinnen Baden-Baden verließen, wurde es still im Salon. Immer öfter mußte ich lügen, wenn mich mein Vater von der Bahn abholte - denn ich wohnte immer noch in Achern und fuhr jeden Morgen und jeden Abend hin und her. "Wie ist es gegangen?" fragte er jedesmal, und ich antwortete: "Ganz gut!" und zählte ihm auch manchmal 60 oder 80 Mark vor, die ich allerdings gleich wieder einsteckte, um sie anderntags noch einmal vorzeigen zu können. Denn eingenommen hatte ich immer öfter gar nichts. Kosmetik war für eine echte Badnerin etwa das gleiche wie die eleganten Geschäfte in den Kurhaus-Kolonaden: man ging daran vorbei. Auch ohne Preisschild wußte man: das ist nichts für mich. Und wahrscheinlich hatten die Filmbilder in meinen Schaufenstern diese Meinung noch bestärkt. Ich machte Demonstrationen in Baden-Badener Hotels, dann mit einer Modefirma aus München, auch in Karlsruhe, Freiburg - es rührte sich nichts. Die Situation fing schon an, kritisch zu werden, da kam mir eine Idee. Ich mußte an meine Engländerin denken und hing ein Schild an die Tür:

"Pudermischen nach Hautfarbe. 20 Gramm = 80 Pfennig."

Das half! Für 80 Pfennig Puder - da brauchte auch der spar-
samsten Hausfrau nicht das Gewissen zu schlagen. Oft hätte
ich einer Kundin nur ein fix und fertiges "naturell" zu geben
brauchen, aber es machte sich natürlich besser, ihr den Puder
individuell zu mischen. Die Badnerinnen kamen nun also und
waren erstaunt, in mir eine Frau zu finden, die so aussah und
so gut badisch sprechen konnte wie sie.

Über einen Zentner Puder habe ich in diesem ersten Winter "an
die Frau gebracht" und mit ihm Cremes, Lotionen, Gesichts-
wasser. Denn wenn eine Kundin erst einmal im Geschäft war,
dann wurde sie auch ein bißchen zurechtge- macht, kostenlos

natürlich, und nahm die Präparate gleich mit. Langsam und allmählich habe ich mir in jenem ersten Winter meinen Baden-Badener Kundenstamm aufgebaut - mit angewandter Psychologie. Jedes Gesicht wird schön, wenn die Augen leuchten, wenn der Mund gelöst ist und weich, wenn er lächelt. Keine noch so raffinierte Behandlung erreicht den gleichen Effekt wie das Wohlgefühl der Patientin. Das ist keine moderne Erkenntnis, das ist eine uralte Wahrheit: Schönheit ist ein Glanz von innen. Unbewußt, ganz aus dem Gefühl heraus, hatte ich meine Kundinnen immer schon auch seelisch beeinflußt, hatte versucht, ihnen zur Entkrampfung zu verhelfen, ihnen meine Ruhe mitzuteilen. In diesem flauen Baden-Badener Winter schuf ich mir das Rüstzeug für die bewußte psychische Beeinflussung der Patientin. Coué war der Schlüssel. Sein Satz "Sage einem Menschen Tag für Tag, er sei schön, so wird er es am Ende glauben und aus diesem Glauben heraus schön sein", entsprach meiner eigenen Erfahrung.

Ich grub mich tiefer in die Psychologie hinein, las Freud und Jung und begriff plötzlich, was mich bisher oft erschreckt hatte; denn alle meine Kundinnen fingen zu erzählen an, sobald sie auf dem Behandlungsstuhl lagen: Sie entspannten sich ! So wie der Krampf der Muskeln sich löste, wie die Hände sich öffneten und ruhig auf der Decke lagen, so mußten auch sie ihre Seele lösen und öffnen, mußten sich alles, was sie drückte, vom Herzen reden. Ich las in jenem Winter auch alles, was ich über Dr. Mesmer bekommen konnte, jenen Arzt aus dem deutschen Südwesten, dem es darum ging, die uralte Magnetopathie zu erneuern, die Heilung durch magnetische Strahlkraft. Damals lachte die Schulmedizin über derartigen "Aberglauben". Aber ich wußte es besser. Hatte ich nicht immer wieder erlebt, daß Frauen, die müde und bedrückt zu mir gekommen waren, wie neugeboren vom Behandlungsstuhl aufstanden, strahlend und mit glänzenden Augen? Und waren nicht manches Mal, wenn ich der Kundin mit leichten Massagestrichen nicht nur die Stirnmuskeln gelockert, sondern auch die furchtsamen, bekümmerten, unglücklichen Gedanken "fortgewischt" hatte, mit aller Kraft, mit gesammelter Hingabe, am Schluß meine eigenen Kopfschmerzen wie weggeblasen? Nicht die Cremes allein wirken bei dieser behutsamen Massage, es sind die Hände. Denn durch sie wirkt "ES", die beruhigende, heilsame Kraft der Seele, die sich ganz auf den anderen Menschen einstellt. Damals erkannte ich, daß eine echte Kosmetikerin versuchen muß, die Patientin zu lösen, sie frei und ruhig werden zu lassen. Und es wurde mir klar, was unseren Beruf so schwer macht: die Kosmetikerin muß Not und Kummer nicht nur anhören, sie muß das alles mit tragen und überwinden helfen. Auch Hoffnungslosigkeit darf für sie kein Schlußpunkt sein. Sie wird trösten, raten, Auswege suchen müssen, auch dort, wo die Patientin sich selbst schon aufgegeben hat. Denn nur wenn man erreicht, daß die Patientin wieder schön sein will, kann sie wirklich wieder schöner werden. Man kann keinen Menschen schöner machen, man kann ihm nur dabei helfen, indem man ihm den Weg zur eigenen Schönheit zeigt; gehen muß er ihn selbst. Hatte ich Baden-Baden bisher nur als Zwischenlösung betrachtet, als Sprungbrett nach Berlin, so sah ich nun: Es ist der einzig richtige Platz! In Berlin konnte ich kosmetisch behandeln, akuten Hautschäden abhelfen. In Berlin ging man nur auf einen Sprung zur Kosmetikerin, um sich auf Hochglanz bringen zu lassen. In Baden-Baden aber war man zur Kur, hier hatte man Zeit und Muße. In Baden-Baden konnte ich meine Patientinnen pflegen. Ich schrieb also an meine Freunde in Berlin und schlug ihnen eine kleine Generalüberholung in Baden-Baden vor. Ohne viel Reklame, aber der Funke zündete!

Eine der ganz Großen, die diesen Namen wirklich verdient, blättert damals in ihrem Terminkalender, der mit Drehtagen, Theaterproben und offiziellen Empfängen gespickt ist, schreibt auf zwei noch leere Seiten, mit Rotstift, quer: Baden-Baden, Rosel Heim. Und wird in den 14 Tagen, die sie hier zubringt, ein "neuer Mensch". Geht morgens ins Augustabad mit seinen sprudelnden Thermen, ißt mittags im Rebland auf einer schattigen Terrasse, sieht ins weite Land hinaus, auf die schwarzdunklen Berge, die lichtgrünen Ebenen, und vergißt, daß es in Berlin jetzt nur noch eine Farbe gibt: ein blutiges Rot, von einem Kreuz durchzuckt, das seine Haken überall auswirft, auch und gerade nach den Künstlern.
Die Dame ist bereits auf dem Weg der Genesung, noch ehe sie mein Institut betritt. Auf meinem Behandlungsstuhl, unter mei-

ner Hand entspannt sie sich ganz und redet sich alles von der Seele, was sie sonst wortlos hinunterschlucken muß. Merkt dabei gar nicht, wie ich sie sanft massiere, wie ich ihr Cremes und Packungen auflege, die eigens für ihre Haut gemischt sind. Wie ich sie mit aller kosmetischen Kunst wieder fit mache für eine neue, strapaziöse, nervenaufreibende, seelenbelastende Film- und Theatersaison in Berlin.

Bald trafen Telegramme bei mir ein:
"Habe zwischen Film und Film zehn freie Tage. Eintreffe morgen. Ihre Erika Thellmann."
"Mache endlich Ferien. Große Ferien. Dazwischen Schönheitskur bei Ihnen. Vorher oder nachher. Was raten Sie? Ida Wüst".
"'Dr. Pretorius' nebst Frau brauchen wieder mal ihre Ruhe und ihre Rosel Heim. Valerie von Martens - Curt Goetz".

Festtage für mich, wenn "meine Kinder" aus Berlin nach Baden-Baden kamen! Auch wenn ich sie manchmal hart anfassen mußte, weil sie - abgekämpft, wie sie waren - nervös und ungeduldig wurden - es hat ihnen gutgetan, und sie haben es mir nicht vergessen. Ein ganzes Leben lang nicht.
Andere Kundinnen, Kurgäste, vermißten bei mir gelegentlich das mondäne Klimbim. Für sie war diese "Kleinstadt-Kosmetikerin" viel zu einfach, zu unkompliziert und - zu billig. Ja, das fuchste mich am allermeisten, wenn eine Dame enttäuscht den Laden verließ, weil ich ihr nicht etwas ganz besonders Teures bieten konnte, das schon aufgrund seines Preises exquisit und ausgefallen sein mußte - und wenn dieser Preis auch nur durch eine ungerechtfertigte Gewinnspanne zustande kam. Ganz verzweifelt schrieb ich damals an Geheimrat Merck in Darmstadt: " ... was soll ich machen, Honig, Eigelb, Olivenöl - das kostet freilich Geld, aber doch kein Vermögen! Und meine Kräuter - freilich, ich muß sie sammeln und bearbeiten lassen, das summiert sich. Und Rosenöl und Pfirsichblüten-Essenzen sind wirklich horrend teuer. - Aber trotzdem! Ich kann doch nicht mehr für meine Präparate verlangen, als sie wert sind. Schon wegen der vielen anderen Frauen nicht, die meine Cremes auch brauchen - und rechnen müssen. Wissen Sie vielleicht etwas

ganz Besonderes, das wirklich ganz teuer ist, für meine ganz teuren Kunden?"

Sicher hat der Geheimrat gelächelt, als er seiner Sekretärin die Antwort diktierte - "Liebe Frau Heim! Bleiben Sie, wie Sie sind, machen Sie so weiter, wie Sie es bisher gemacht haben."

Da gab ich es auf, "teure" Cremes herstellen zu wollen und tat genau das Gegenteil: Ich bot meine Kosmetik-Serien anderen Kosmetiksalons und Geschäften an, schloß weitere Vertriebsverträge ab und baute das Netz meiner Depositäre auf, um mehr in die Breite zu wirken. Immer deutlicher spürte ich die Schranken Deutschlands. Oft sah ich vom Schwarzwald aus hinüber über den Rhein und dachte: "Dort drüben liegt Paris, die Stadt der schönsten Frauen, der teuersten Parfüms, der raffiniertesten, geschicktesten, talentiertesten Kosmetiker." Aber der Bahnwärtergeist der Politiker hielt die Schranken fest geschlossen und kurbelte sie nur ausnahmsweise hoch. Zum Beispiel für die Weltausstellung 1937 - ein hochwillkommener Anlaß für mich, die langersehnte Reise nach Paris endlich wahrzumachen. Ich schloß meinen Salon für eine gute Woche und machte mich schön für Paris. Ein Abendkleid mit langer Schleppe, Pariser Schuhe mit hohen Absätzen, und - als Krönung des Ganzen - ein Silberfuchscape, eine Stiftung meines Mannes. Es wurde mir in der ersten Nacht in einem kleinen Hotel gestohlen. Lange wurde ich auf der Polizeistation dazu vernommen. Aber nicht einmal das hat meine Paris-Freude trüben können. Ich habe Studien gemacht von früh bis spät, mir erst die Frauen angesehen, dann die Salons. Gleich am zweiten Tag nistete ich mich in einem Hotel ein, von dem aus ich Einblick hatte in ein Haus gegenüber, in dem echte Pariserinnen wohnten. Sie sind ganz einfach daran zu erkennen, daß sie sich niemals genieren. Die Pariserin tut, was ihr paßt, aber - und das ist eben das Besondere an ihr - es paßt zu ihr. Sie holt am Morgen im Negligé ihre Meterbrote und trägt den Morgenrock wie einen Hermelin, die Lockenwickler wie ein Diadem. Geht sie aber richtig aus, am Nachmittag, dann muß man schon genau hinsehen, daß man sie wiedererkennt. Dann ist aus der Lockenwicklerpagode ein Frisürchen geworden, wie gestriegelt; aus dem Morgenrock ein Blüschen mit Röckchen, oben Blütenkelch und unten Rausch- und Bauschewind, hier noch

53

ein Clip am richtigen Ort und da noch ein Schälchen, wie ein Taschentuch, das winkt. Und dann das Gesicht, die Hände, der Hals ... Man hat gute Lust, als Kosmetikerin , erst blaß vor Neid, dann rot vor Scham zu werden. Sie macht sich eigenhändig so zurecht, daß man schon gar nicht mehr Make-up dazu sagen kann: Jeder Pinselstrich sitzt, der Puder ist kein Klecks, sondern geht in Teint auf, in ihrem Teint, den sie ganz genau kennt und hundertmal am Tag im Spiegel korrigiert, ungeniert, überall, wo es sein muß, in der Metro oder auf der Caféterrasse. Die echte Pariserin pflegt sich selbst mit Konsequenz, und geht nur zum "Frühjahrsputz" zur Kosmetikerin, oder im Herbst, wenn die Saison beginnt.

Die echte Pariserin, das ist für mich nicht die Mondäne von den Champs-Elysées und der Grand Opéra, das sind die Mädchen aus den Faubourgs, mein vis-á-vis in dem kleinen Hotel. Ich habe sie fasziniert betrachtet und vor ihrer Ausdauer, ihrer Tapferkeit und Fröhlichkeit viel Hochachtung bekommen. Später bin ich hinaufgestiegen in die Salons der Großen Welt, zu "Antoine", zu "Anna Paula" und "Anne Pegova". Namen, die in der Kosmetik den gleichen Klang hatten wie Christian Dior oder Jacques Fath in der Haute Couture. Ich habe sie alle besucht, mich fast von allen behandeln lassen. Der Effekt war enorm. Nach jeder Behandlung hatte ich ein neues Gesicht. In Antoines Glaspalast fing ich an. Man erschauerte schon beim Betreten des Salons. Sechs Behandlungsstühle standen in der Runde, magisch beleuchtet durch milchiges Flutlicht, das sich in einem gläsernen Klavier fing, das gläserne Melodien von sich gab. In der Mitte amtierte der Meister im weißen Frack. Man wußte, daß er in einem gläsernen Sarg zu schlafen pflegte. Er amtierte mit gläsernen Gesten, gab hier einen Wink, dort eine Weisung - und siehe da: Alle sechs Patienten bekamen die gleiche Behandlung, das gleiche "Thema", nur mit kleinen Variationen. Ich konnte das haargenau beobachten, indem ich mit einem Handspiegel scheinbar meine eigene Prozedur verfolgte, in Wirklichkeit aber genau kontrollierte, den Handspiegel rotieren ließ rund um diesen Raum mit den sechs Stühlen und den sechs genial auf einen Nenner gebrachten Schönheits-Arrangements. Komplizierter war das bei "Anna Paula". Sie schrieb ihren Händen eine besondere Ausstrahlung zu, eine magische Kraft, die bei der Gesichtsmassage auf die Patientin überspringen sollte wie der sprichwörtliche Funke . Aha, dachte ich, ein neuer Bluff - das mußte ich kennenlernen. Aber die Dame mit der Aura hat mich gar nicht behandelt. Statt dessen kam eine kleine Russin zur Massage. Ausstrahlung aus zweiter Hand ... ? Aber dann verging mir das Lästern, denn dieses Persönchen hatte Hände ... wunderbar. Was machte sie eigentlich? Das tat gut, das mußte eine Migräne wegstreicheln oder wegschmeicheln , so leicht, wie ein Ton vergeht. "Was machen Sie denn da?"- "Das ist eine Nervenpunktmassage - das gehört zur Vorbehandlung".

Fünfmal habe ich mich in den nächsten Tagen vorbehandeln lassen. Jeden Morgen klagte ich: "Ich habe wieder Kopfschmerzen, scheußlich. Jedes Haar auf dem Kopf spüre ich einzeln. Können Sie mir nicht wieder so eine kleine Nervenpunkt-Massage machen?" Ich hatte natürlich keine Kopfschmerzen, im Gegenteil, mein Kopf war ganz klar und hell. Jede Bewegung ihrer Hand habe ich beobachtet, jeden Punkt mir gemerkt, an dem sie ansetzte, fünf Tage lang. Bis ich ihr eingestand. "Ich habe gar keine Migräne. Ich wollte nur lernen, was Sie da machen. Ja, ich bin eine Spionin, eine Kosmetikerin aus Deutschland. Und wissen Sie, meinen Patientinnen geht zur Zeit viel auf die Nerven. Sehr viel sogar. Deshalb will ich Ihre Nervenpunktmassage über die Grenze schmuggeln. Die kleine Russin hat gelächelt, wie nur Russinnen lächeln können, breit und doch fein, versöhnlich. Das hat mir den Mut gegeben, sie zu fragen, ob diesmal nicht ich sie massieren dürfe, statt sie mich - dann erst wäre ich meiner Sache sicher. Sie hat sich lächelnd in den Stuhl gesetzt, und ich durfte sie massieren. Sie hat mich kaum korrigiert. "Sie haben eine gute Hand", sagte sie, als ich fertig war. "Dann können wir uns ja die Hand geben", habe ich geantwortet, und wir haben uns herzlich die Hände geschüttelt. Daraus ist eine Freundschaft geworden, die erst der Krieg auseinanderriß. Um ein Silberfuchscape ärmer und um einige Erfahrungen reicher kam ich aus Paris zurück, mit einer vorzüglichen Nervenpunkt-Massage und dem Wissen, daß auch in der Hochburg der Kosmetik nur mit Wasser gekocht wird. Auch wenn man Schaum daraus schlägt ! Aber es hielt mich nicht lange in Baden-Baden. Sobald die Kurgäste ihre Koffer pakten und die Prominenz heim in die Reichshauptstadt fuhr, hatte ich keine Ruhe mehr. Ich wollte nach England. Die Meisterprüfung als Friseuse hatte ich in den letzten Jahren nachträglich abgelegt. Nun aber wollte ich das kosmetische Diplom, das damals Weltgeltung besaß: das Diplom der West End Academy in: London.

# West End Academy

Der Plan war eigentlich schon einige Jahre alt. Ich hatte Englischstunden genommen, morgens zwischen acht und neun Uhr, bevor die ersten Kundinnen kamen; ich hatte auch schon mehrere Anträge auf einen Austausch-Aufenthalt in England gestellt, aber nicht einmal der Reichshandwerksmeister konnte mir helfen. Erst die private Einladung einer englischen Kundin verschaffte mir schließlich die nötigen Papiere, die zahllosen Stempel und ein Devisenkontingent von sage und schreibe 16 Shilling 6 Pence - den Gegenwert von baren zehn Mark. So fuhr ich im November 1938 über den stürmischen Kanal nach London, kam an einem Donnerstag an und hatte schon am Freitag einen Arbeitsplatz: in Kilbern, einem armseligen Vorstadtviertel. In einer Baracke schnitt ich Kindern die Haare ... und verschlang die Anzeigenspalten der Tageszeitung. Da fiel mir eines Tages ein Inserat aus der Bond Street ins Auge, der Straße der guten Salons. In der Bond Street - als Deutsche? Im London der Emigranten, nach der Berliner "Kristallnacht" und vielen anderen Scherbennächten, die das Vertrauen des Auslands zerschlagen hatten! Das kann nicht gutgehen, dachte ich - und bewarb mich trotzdem. Ich wurde in eine Filiale in die Baker-Street geschickt, zu einem feinen alten Herrn, dem gegenüber ich mich als Schweizerin ausgab. Nach einer Probezeit war ich auf zwei Jahre fest engagiert. Zwei Jahre! Und ich wollte zur Saison 1939 wieder in Baden-Baden sein! Eines Abends fragte der Chef: "Sie sind doch Deutsche?" - "Ja ... ", gab ich zu.
"Und woher?" - "Aus der Gegend von Baden-Baden." - "Dann können wir genausogut badisch miteinander reden, ich bin näm- lich Bühler." Mein hundertprozentiger Engländer war ein Landsmann aus der unmittelbaren Nachbarschaft. Vor 35 Jahren eingewandert, hatte er sich vollständig akklimatisiert, bis hin zur Shag-Pfeife und dem englischen Ledergesicht. Ich zeigte ihm den Musterkoffer mit meinen Präparaten, den mir Paula Huber von Hohritt nach England mitgenommen hatte, und beichtete auch gleich, daß ich nur sechs Monate bleiben

könne und unbedingt die West End Academy besuchen wollte. Er nahm die "facts", wie sie nun einmal waren, als Engländer und Gentleman, und sorgte dafür, daß ich in die Academy aufgenommen wurde, und zwar in die zweite Klasse des Kosmetiklehrgangs, der sonst zwei Jahre gedauert hätte. Das Geld schoß er mir vor; ich durfte es in deutschem Geld an seine Verwandten in der Nürnberger Gegend überweisen. Die staatliche West End Academy lehnte sich in der methodischen Ausbildung an das Medizinstudium an. Der Lehrgang begann mit allgemeiner Anatomie, Physiologie und Chemie, spezialisierte sich dann auf Dermatologie, Neurologie und kosmetische Pharmazeutik und ging im zweiten Jahr zur Praxis über, zur allgemeinen Hautpflege, zur Behandlung von Hautanomalien und der Handhabung moderner kosmetischer Apparate. Gerade weil ich als Autodidakt, sozusagen "wild", in die Kosmetik hineingewachsen war, kam mir dieses nachträgliche wissenschaftliche Fundament sehr zustatten. In der Praxis gab es für mich nicht mehr viel zu lernen; auf einigen Gebieten war ich sogar meinen Lehrern voraus. So konnte ich nach einem Vortrag über Epilation durch Elektrolyse berichten, daß man in Deutschland auf diesem Gebiet schon weiter war und Haare durch Diathermie entfernte. Das Lehrpersonal ließ sich den technischen Vorgang haargenau erklären, und eine Woche später bat mich der Direktor der Akademie, die Anschaffung eines solchen Hochfrequenz-Epilations-Apparates zu vermitteln. Ich tat es gern und war nach diesem Erfolg persona grata im Lehrgang. Nach jeder komplizierten Demonstration fragte man mich, ob ich sprachlich alles verstanden habe , und ob das auch in Deutschland so gemacht werde. Ich war nicht mehr nur Studentin, sondern auch Repräsentantin der deutschen Kosmetik. In der Mittagspause waren die Tea-Rooms in London voller Menschen, darunter viele Fremde, Emigranten aus Deutschland und Österreich. Ich flüchtete in die Ruhe des Britischen Museums:
Hier findet man Kunst und Schönheit aus Jahrtausenden, auch: Schminkkunst und Frauenschönheit. Eines Tages bleibe ich im Ägyptischen Saal wie angewurzelt stehen. Vor mir, in einer Vitrine, liegt eine Maske aus feinstem Blattgold. Eine Maske, die genauso aussieht wie meine Regenerationsmasken, auf dem

Gesicht einer Mumie, die schon seit Jahrtausenden tot ist ! Ich habe dieses Bild nie vergessen - und meine eigene später die "Goldene Maske" genannt, als kleine Verbeugung vor Ägyptens alter Kunst.

Ich wäre übrigens um ein Haar zu spät zur Saisoneröffnung in Baden - Baden gekommen. Herr Finke vom Hotel Adlon in Berlin, dem alle Frisier- und Kosmetiksalons der großen Ozeanriesen gehörten, wollte mir nämlich während einer Weltreise die Schönheit der "Columbus"-Passagiere anvertrauen, und ich sagte zu, unmittelbar nach der Prüfung an Bord zu gehen. Aber dann segelte die "Columbus" am 1. März 1939 doch ohne mich los, denn meine letzte Prüfung in der West End Academy war auf den 5. März gelegt worden, und ich wollte sie auf keinen Fall versäumen. Später war ich heilfroh, das Diplom statt der Weltreise gewählt zu haben: Die "Columbus" kam nicht mehr heim. Sie wurde bei Kriegsbeginn vor der amerikanischen Küste versenkt, die Passagiere interniert.
Baden-Baden hatte mich also wieder, aber ich war meine alte Umgebung leid und wollte wieder in die Welt hinaus. Von meinem Mann trennte ich mich. Mit der Kosmetik war ich halt von Anfang an viel besser verheiratet gewesen ...

# Stuttgart

Stuttgart, landschaftlich reizvoll und wirtschaftlich lebendig, mit einem Menschenschlag, der ebenso tüchtig wie gemütvoll ist, zeitzugewandt und allem Modernen aufgeschlossen, aber auch naturverbunden und mit einem ausgeprägten Sinn für Schönheit, Form, Maß und Solidität : Stuttgart schien mir der geeignete Boden für meine Kosmetik zu sein. Man bot mir in der Königstraße 38 die Räume eines einstigen Modesalons an. Dort richtete ich mir im Mai 1939 ein Institut ein, Labor- und Behandlungsräume, mit Apparaten nach dem neuesten Stand der Technik . Auf Reklame konnte ich verzichten, denn ich hatte dort früher schon mehreren Damen eine Maske gemacht, und wer mich von Baden-Baden her kannte, kam sofort ; man erzählte sogar Bekannten davon und warb neue Kunden. Frauen, die bisher nur meine Präparate kannten, ließen sich von mir behandeln, auch die Leute vom Theater kamen. Mein blauer Empfangssalon war immer besetzt, der Behandlungsraum voll. Nebenbei habe ich auch den Salon in Baden-Baden versorgt und meine anspruchsvollen Kundinnen hier wie dort selbst behandelt.

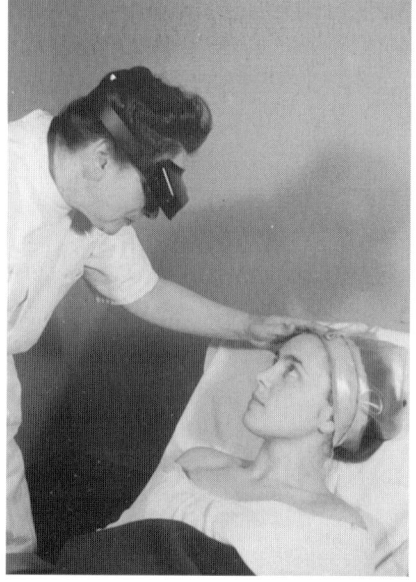 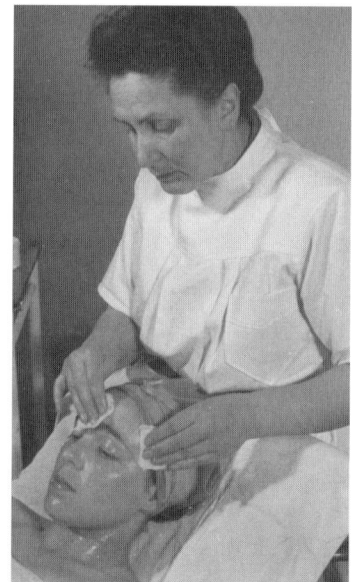

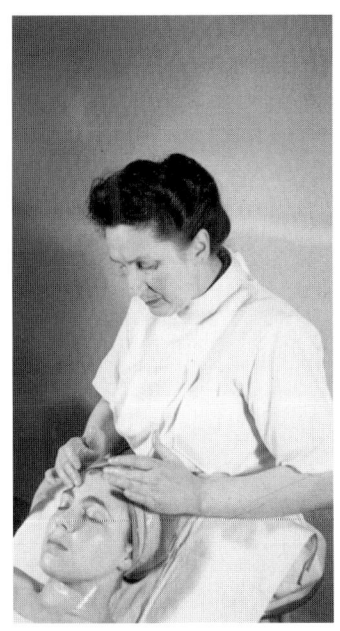 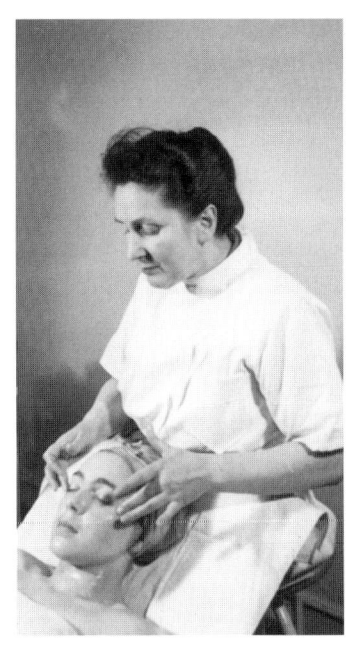

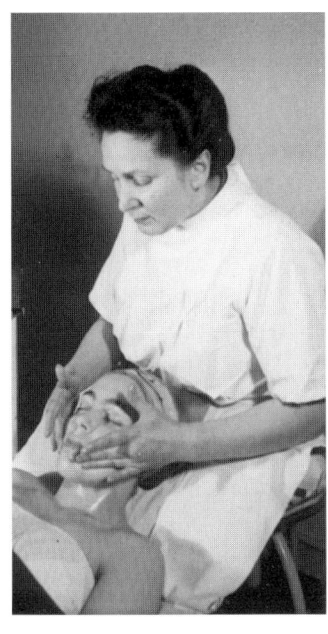 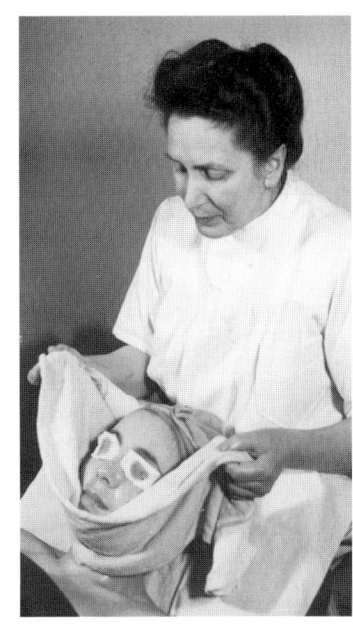

61

Ich war immer auf dem Sprung, mein Terminkalender glich dem eines Großindustriellen. Und trotzdem war ich glücklich, zum ersten Mal in meinem Leben wirklich glücklich. Das große Stuttgarter Institut war meine Heimat, der kleine Salon in Baden-Baden meine Sommerfrische, die Arbeit mein bester Freund. Die Sonntage gehörten den Kindern. Ich holte sie in dem Korntaler Internat ab, wo sie gut aufgehoben waren, und wir gingen auf den Killesberg oder fuhren in die Umgebung, glückliche, unbeschwerte Stunden !

Aber wenn ich sie am Abend an der Internatstür abgeliefert hatte, zog es mich wieder zurück ins Labor. Ich hatte wirklich allen Grund, glücklich und zufrieden zu sein. Meine Präparate fanden so guten Absatz, daß ich mit der Produktion kaum nachkam; das Stuttgarter Institut florierte, das in Baden-Baden ging gut. Bald bat man mich, Kurse in moderner Kosmetik zu geben, und die ersten Schülerinnen meldeten sich. Ein Vetter, der Arzt war, nahm die Prüfungen ab. Die Zukunft lag vor mir wie ein spiegelglatter See - da brach der Krieg aus.

Ein Blitzkrieg sollte es sein ... Sein erster Einschlag, der "Feldzug" in Frankreich, erschütterte das Leben in Stuttgart kaum. Man spürte wenig vom Krieg, man verdunkelte am Abend die Häuser, und am Tag war man munter wie vordem und machte sich schön. Langsam und unentrinnbar vergrößerten sich die Schwierigkeiten jedoch . Erst wurden die aus dem Ausland bezogenen Rohstoffe knapp, dann zog man eine Arbeitskraft nach der anderen in die Rüstungsindustrie, und es gab manchen Tag, an dem ich in den großen Räumen allein schaffte - vom Morgen bis tief in die Nacht.

Seltsamerweise fällt mir trotz allem Schweren, wenn ich heute an die ersten Kriegsjahre in Stuttgart zurückdenke, zuallererst eine lustige Geschichte ein: Die Mode macht ja aus jeder Not eine Tugend. Zur Schonung der vier Paar Strümpfe, die das Punktsystem der Kleiderkarte damals pro Jahr und Dame erlaubte, trug man wochentags "unten ohne" ! Um so wichtiger war die Pflege der Beine. Goldene Zeiten für meinen Enthaarungsstein, einen Bimsstein mit Natriumperborat. In der Stuttgarter Illustrierten verkündete ein Inserat:

"Strumpflos glatt und schön das Bein nur mit dem Enthaarungsstein - und dieser ist von Rosel Heim."

Eines Tages fischte ich aus dem Briefkasten des Instituts einen Feldpostbrief. Absender: ein Leutnant der Luftwaffe, aus einem Wiener Lazarett. Inhalt: ein "Gedicht".

"Liebe, nette Rosel Heim, behalt doch Dein' Enthaarungsstein! Für drei Mark gibt's 'nen guten Wein, und ich mag Frauen auch mit Haar am Bein."

Das war der Anfang einer mehrwöchigen, witzigen Lazarett-Korrespondenz, in Schüttelreimen natürlich, an der auch meine Schülerinnen teilhatten. Nach seiner Genesung verbrachte der Herr Leutnant einen Urlaubstag bei uns, ich machte das Institut zu, und zu fünft führten wir ihn durch Stuttgart.
Als ich am Abend ins Institut zurückkehrte, standen die Leute auf der Straße. Aufgeregt rannten die Besitzer der Buchhandlung im Parterre auf mich zu. Von oben, aus meinem Salon, tropfte Wasser durch die Decke. In einer Zeit, in der man kaum einen Handwerker, geschweige denn Reparaturmaterial bekommen konnte, eine Katastrophe. Ich wußte gleich, woran es lag. Im Salon, der vordem ein eleganter Modesalon gewesen war, fehlte die Wasserinstallation; ich hatte mir also als Provisorium eine Wasserleitung bis in den Behandlungsraum und ins Labor legen lassen, der Ablauf führte zurück in einen riesigen Zuber im Flur, den ich in einem Einbauschrank verborgen hatte. Er mußte regelrecht mit Eimern geleert werden. Daran aber hatte niemand gedacht, als wir auszogen, um dem Genesungsurlauber Stuttgart zu zeigen. Und auch daran nicht, daß Erika von Thellmann, auf Durchreise, im Institut geblieben war, um sich umzuziehen, zu erfrischen und "nur" mal schnell die Hände zu waschen. Ach, nach den Wassermassen zu urteilen, mußte sie ein Vollbad genommen haben! Der gute Leutnant hat mir übrigens am anderen Tag einen "Schwimmer" konstruiert, eine Blechbüchse, die bei einem bestimmten Wasserstand nach oben gedrückt wurde und "Alarm" auslöste.
Echten Alarm, Fliegeralarm, gab es nun häufiger. Eine

Freundin in Esslingen bei Stuttgart, deren Mann als Direktor des Elektrizitätswerks jedesmal eine Vorwarnung erhielt, rief mich dann gleich an. Wenn in der Nacht das Telefon klingelte, ohne daß sich ein Teilnehmer meldete, wußte ich, daß in zwei Minuten die Sirenen losheulen und konnte die Warnung durch Klingelzeichen im Haus weitergeben. Die Stuttgarter taten noch immer, als gäbe es keinen Krieg. Man nahm sich zusammen, aß Margarine wie Butter, Schwarzbrot wie Kuchen und legte Wert auf Haltung und Aussehen. Man ging nach wie vor zur Kosmetik, jetzt erst recht. Und ich machte das Spiel mit. Ersetzte die Putzfrau, die Patronen drehen mußte, durch Do-it-yourself schon vor sechs Uhr morgens, denn um halb sieben kamen die ersten Diathermie-Kunden, die ich nur bis um acht Uhr bedienen durfte. Schaltete ich den Apparat später ein, bekam ich prompt die Polizei auf den Hals, weil ich die Rundfunknachrichten "störte". Ich ersetzte schließlich dies und jenes mehr schlecht als recht, aber es ging noch. Das fehlende Olivenöl ersetzte ich zum Beispiel durch Lebertran, der als Nährstoff nicht schlechter, aber eben ziemlich ... anrüchig war. Ich hatte zwar noch viel reines, wunderbares Zitronenöl aus Messina und konnte den Geruch damit überdecken, aber wenn eine Kundin abends eingeladen war und es wurde ausnahms-weise geheizt oder es stand eine Kerze auf dem Tisch, dann machte sich doch langsam ein gewisser Fischgeruch bemerkbar. Er haftete auch im Salon, und ich geriet in ziemliche Verlegenheit, als eine Kundin, ausgerechnet eine Gräfin, zu schnuppern begann, die Luft einzog und unverblümt konstatier-te: "Hier riecht es nach Tran".

Das war der Auftakt zu einer kleinen Palastrevolution, die nach langem Hin und Her mit dem Lebertranverbot des Wirtschafts-amtes endete. Von da an habe ich den Lebertran getrunken oder in der Pfanne verwendet, was auf dem Umweg über Küche und Kamin dem Salon den skandinavischen Odeur bewahrte. Aber ich blieb gesund dabei und konnte schaffen für drei. Bald mach-te sich der Mangel an Seife empfindlich bemerkbar. Die "Ein-heitsseife", die sich anfühlte wie gepreßter Lehm und kaum schäumte, war alles andere als ein Kosmetikum. Aber um etwas herzustellen, das den Namen Seife verdient, braucht man Fett, in diesen mageren Jahren die Mangelware schlechthin. Da bot

mir ein Nachbarssohn aus Achern, der in Frankfurt Lederfabriken besaß, Abkratzfette an. Zwar nur ein Abfallprodukt, aber doch echtes, tierisches Fett. Daraus hatte ja meine Mutter schon Seife gesotten; ich beschloß also, es zu probieren. An einem Wochenende in Baden-Baden machte ich aus meiner Küche eine Seifensiederei, reinigte das Fett und erhitzte es mit Natronlauge im Wasserbad, in einem großen Aluminiumkessel. Während die Masse kochte, arbeitete ich hinten im Labor. Plötzlich kam die kleine Rosmarie hereingestürzt und rief entzückt : "Mutterle, Mutterle, komm schnell und schau! Es ist wie im Märchen mit dem süßen Brei - alles läuft, die Küche läuft über!" Ich riß die Fenster auf und sah mir, als die Schwaden verzogen waren, die Bescherung an: Die Seife war übergequollen, hatte das Feuer gelöscht und schäumte und schäumte unerschöpflich. Ich stellte den Kessel in einen Waschzuber, und er schäumte weiter, ich trug ihn ins Labor auf den Wasserstein, und er schäumte nach Tagen noch, bis das Aluminium vollständig zersetzt war. Der Aluminiumtopf war schuld - das sah ich wohl. Aber meine Chemiekenntnisse waren damals noch nicht so weit, die Ursache zu erkennen. Warum sich Aluminium mit Natronlauge nicht verträgt, das erfuhr ich erst in der nächsten Woche, als ich mit Handschuhen und verbundenen Armen im Stuttgarter Schauspielhaus saß.
"Was haben Sie denn gemacht?" fragte mich meine Nachbarin in der Pause. "Ich habe probiert, Seife zu kochen ... " Nach wenigen Sätzen stellte sich heraus, daß meine Nachbarin Chemikerin war, Spezialistin für die Seifenproduktion in einem größeren Werk. Von ihr habe ich das Seifenkochen gelernt. Meine nächste Anschaffung war ein großer Emailkessel. Wir werkelten herrlich miteinander! Und zu Weihnachten konnte ich meine Kundinnen mit hausgemachter Seife überraschen. Mit etwas Lippenstiftfarbe hatte ich sie rosa getönt und mit Rosenöl parfümiert, den mit Azulenblau gefärbten Stücken hatte ich Veilchenparfüm zugesetzt, und in Manicure-Schalen wurden sie ausgegossen - es war großartig. Eines Tages brachte mir eine Kundin eine ganze Kiste verdorbene Margarine, die ihr Mann aus Holland geschickt hatte. Ich solle Seife daraus machen. Ich hatte jedoch gerade die Chemikerin in Behandlung, die besah sich die Kiste und erklärte: "Da machen

wir Butter daraus! "Ich traute meinen Ohren nicht. Doch tatsächlich: Die Margarine wurde gereinigt, ausgesalzen, mit Safran gefärbt, mit etwas Butterparfüm versetzt - und kam Dutzenden von Kundinnen wie ein Geschenk des Himmels vor. Nur ich habe nichts davon gegessen ...

Immer tiefer war der Krieg in das Leben des Einzelnen eingedrungen. Die Heimat wurde zur "Heimatfront", die Fronten der Front "strategisch verkürzt". Stuttgart blieb zunächst von Bomben verschont. So lange, bis die eigensinnigen Schwaben nicht mehr in die Luftschutzkeller gingen, sondern dem Donner der Motoren nachhorchten und miteinander stritten, ob heute Nürnberg oder München "dran" sei. Und dann plötzlich selber an der Reihe waren. Ein Stadtviertel im Osten, eins im Süden wurden ausgebombt. Die Trümmer rauchten noch, da retteten alle, was zu retten war. Alle, auch die aus den glücklichen Vierteln. Zur Vorsicht lagerte ich wertvolle Geräte aus, brachte eine Garnitur mit Höhensonne und Rotlicht bei einer Freundin in Achern unter, andere in Kehl und Ulm. In meinem Salon wurde nach wie vor behandelt. Als sich die Angriffe wiederholten, wurde der Kundenkreis zur Notgemeinschaft, das Institut zur Meldestelle. Es genügte, ein Plakat aufzuhängen: "Eine Kundin ist ausgebombt worden", und schon kamen Pakete, Decken, Kleider, Stoffe. Ich war glücklich, verteilen und helfen zu können. Bis ich mir selber nicht mehr helfen konnte. Es war eine Nacht wie viele, an einem Sonntag. Sternenklar. Jaulende Sirenen. Motoren dröhnten, Geschützgebell, Sterne platzen, ein Komet fiel vom Himmel, verglühte. Die Motoren brüllten lauter, Geschütze donnerten, ein Wasserfall von Licht, übertönt von Gurgeln, dann Brausen, Sausen, Pfeifen, Zischen - das Inferno ist da! Ein Inferno von Schlag, Rauch, Kalklicht, Staub, Flammen und Steinhagel. Man kann es nicht beschreiben und sollte es doch immer wieder versuchen, um es ja nicht zu vergessen, das Grauenhafte einer solch sinnlosen Nacht, in einen grauen Morgen hinüberschwelend, der fast noch schlimmer ist: Krater, Augenhöhlen von Fenstern, Fassaden im Nichts und irgendwo in einem Haufen von Dreck das verschüttete Viereck des Kellerausgangs, schmutzig-weiß noch zu lesen: LSR - Luftschutzraum. So sah ich das Haus auf der Königstrasse, als ich am Montagmorgen davorstand - zum Glück - davorstand und nicht : darunter lag: Ich war am Wochenende in Baden-Baden gewesen. Ich sah hinauf in den Himmel: Dort, wo noch oben ein paar Rohre, krummgebogen, wie Arme sinnlos ins Leere greifend, dort war mein Institut! Ich nahm die Schaufel wie die anderen, half den Zugang zum Keller freizulegen, klaubte das wenige Gerettete heraus, ein paar Teppiche, das Silberzeug und tauschte noch am Abend den Kühlschrank gegen ein Fäßchen Lanolin, das ich in stockdunkler Nacht mit Anemone über den Prag-Friedhof rollte. Am anderen Morgen spießte ich in die Schutthalde vor dem Haus noch einen Stock mit dem Schild:

## "Rosel Heim, Baden-Baden, Lange Straße 17."

Das war am 27. 7. 1944. Die Achse Berlin - Rom war bereits zerbrochen. Rußland hatte seinen Heimatboden, die Alliierten große Teile Frankreichs wiedererobert, ihre Luftwaffe zerschlug in ungehinderten Tag- und Nachtangriffen systematisch die "Heimatfront". Der Krieg war verloren, der einzelne konnte nur noch hoffen zu überleben. In Baden-Baden war diese Chance relativ groß. Aus dem Weltbad war eine Lazarettstadt geworden. Auf den meisten Dächern leuchtete das Rote Kreuz, das von den Bomberpulks und den Hornissenschwärmen der Jagdbomber beachtet wurde.
Ich holte meine Mädels aus dem Internat in Korntal. Nun hatte ich Zeit für die Kinder. Im Institut gab es nicht mehr viel zu tun. Mein Lanolin-Vorrat reichte gerade aus, bis die ersten französischen Tanks in die menschenleere Stadt einfuhren und auf dem Rathaus die Trikolore gehißt wurde. Einen Monat später war der Krieg zu Ende.


*Die alte Drehorgel im umgebauten Stall meiner Molkenkur, der unter seiner Balkendecke schon so viele frohe Gesichter gesehen hat - Kosmetikerinnen, Vertreter, Depositäre von überall her - die Drehorgel steht wieder an ihrem Platz. Ihr Scheppern geht mir immer noch im Kopf herum. Auf der Drehorgel habe ich gestern den alten Damen und Herren im Club "Offene Tür" vorgespielt. Eigentlich fühlte ich mich viel zu müde, um hinzugehen. Aber nachdem mir die Gedanken an Kriegs- und Bombenzeiten den ganzen Tag zu schaffen* gemacht hatten - man ruft die Vergangenheit nicht ungestraft, wenn man alt ist! - war plötzlich ein solches Verlangen in mir, unter Menschen zu sein. Ein Mitglied des Vereins, der alten Leuten ein bißchen Abwechslung bringen mochte, holte mich also samt Drehorgel ab. Ich mußte jede Walze zweimal spielen, so viel Spaß hatten sie daran. Gelächter, Händeschütteln - und strahlendes "Kennen-Sie-mich-noch?"- "Ich habe mir in der Lange Straße bei Ihnen immer den Puder mischen lassen", sagte eine der Ältesten. Und eine andere erinnerte mich an einen Vortrag vor dem Hausfrauenbund, bei dem sie mein Modell gewesen war. "Ich saß doch in der ersten Reihe. Ich weiß noch, wie es mir um den Quark leid getan hat, den Sie aufs Gesicht legten ... Man hatte ja nichts."

Ja, das waren Hungerjahre. Eine böse Zeit, die auch ihr Gutes hatte, voller Aufschwung, voller Besinnung auch. Während man das Nötigste entbehrte, suchte man nach dem Wesentlichen, nach dem Unzerstörbaren, fand Kraft aus einer Tiefe, die heute verschüttet scheint.

# Klein-Paris

Baden-Baden wurde damals der Sitz der französischen Militärregierung. Einer Militärregierung, die nicht wie, die englische, oder amerikanische, nur Ordnung schaffen möchte, sondern die Ressentiments hat; sehr verständliche Ressentiments, wenn man sich vor Augen hält, daß deutsche Militärs und groß-deutsche "Goldfasanen" in Paris und in der Provinz "wie Gott in Frankreich" gelebt hatten. Jetzt dreht man den Spieß um: Jeder General war ein kleiner König, jeder Besatzungssoldat ein Sieger und jeder Angestellte mindestens Hausbesitzer. So bezog man Quartier - der General im Schloß, der Soldat im Hotel, der Angestellte im Privathaus. Man holte seine Familie nach, Frau und Kind und Hund. Man wollte leben, wie man im alten, reichen Frankreich gelebt hatte.

Ich hatte Glück. Hatte einen Beruf, der die Französin interessierte, ein Institut, das intakt war, ich war "besatzungswichtig". Ich bekam sofort eine Arbeitserlaubnis, und an der Institutstür prangte ein Zettel, der jedes Requirieren untersagte. Ich habe dann gleich die Wohnung so umgestellt, daß man mir nicht alle Räume nehmen konnte, und vor allem die Biedermeier- Möbel in den Instituts-Bereich gerettet. Zwei große Zimmer und die Küche trat ich ab, in den Rest teilten sich meine Kundinnen und ich. Ich hatte viele Französinnen und bald auch die Damen der Schweizerischen, Norwegischen, Belgischen und Englischen Botschaften als Kundinnen - ein zwar kleines, aber internationales Institut. Sogar eine Russin tauchte eines Tages auf, in Begleitung eines deutschsprechenden Adjutanten. Nichts an ihr war russisch, und bolschewistisch schon gar nicht. Sie hatte ein Kleid an, das unter den fremdländischen Gästen sofort auffiel, so geschmackvoll war es. Alles an ihr war apart, bis zur handgearbeiteten Seidenwäsche. Auch ihr ganzes Wesen. Wenn ich sie behandelt habe, und sie zufrieden war, dann hat sie einfach geschnurrt vor Behagen, wie eine Katze. Wenn nicht haben wir uns mit Zeichen verständigt. Wir haben uns auch so großartig verstanden. Das erstaunlichste für mich war ihre Haut: ein ganz festes, nicht degeneriertes Unterhautgewebe, wie ich es allen meinen Damen wünschen möchte. Ich bin überhaupt mit meinen internationalen Kundinnen sehr gut ausgekommen, wenngleich es manchmal nicht leicht war, die "richtige" Reihenfolge einzuhalten. Denn einige unter den Französinnen konnten gelegentlich sagen: "Werfen Sie doch die Deutsche hinaus; jetzt bin ich da!" Für mich aber war eine Frau wie die andere, ob sie nun aus Paris kam oder aus Gaggenau, Prioritäten gab es nicht.

Die einzige "Dame", die Schwierigkeiten machte, weil sie unbedingt "zuvorkommend" behandelt werden wollte, war eine angeheiratete Französin. Sie bestand darauf, als Angehörige der Besatzungsmacht zuerst dranzukommen. Nun, ich habe ihr den Gefallen getan ... Die Massage, die ich ihr gab, war schon eine kleine Abreibung. Wie gewünscht, verließ sie als erste den Salon - aber ich konnte sicher sein: die kommt nicht wieder. Ich konnte es mir damals leisten, eine Kundin zu verlieren, denn ich hatte alle Hände voll zu tun, obwohl ich damals schon Hilfskräfte hatte. Oft wußte ich nicht, wo ich die Präparate hernehmen sollte. Einer Französin, die drei Tage vor Weihnachten wegen einer Akne zu mir kam, versprach ich eine Hefepackung - aber sie müsse die Hefe mitbringen, denn Hefe war damals ebensowenig zu bekommen wie alles andere. Sie war einverstanden, bestand aber darauf, am Nachmittag des Heiligen Abend behandelt zu werden. "Gut", sagte ich, "aber dann brauche ich die doppelte Menge Hefe. Ich möchte nämlich meinen Kindern zu Weihnachten einen Hefekuchen backen." Beim Weggehen griff sie noch in ihre Einkaufstasche und holte ein Tütchen Rosinen heraus. Echte Rosinen - für den Weihnachtskuchen! Er hat den Kindern herrlich geschmeckt. Es war unser erster Kuchen seit Kriegsende.

Eines Tages kam eine Amerikanerin, ich erinnere mich noch sehr gut an sie: Als sie sich zur Behandlung anmeldete, bat ich sie ein Ei für die Maske mitzubringen. Sie kam, ich rührte die Packung an und merkte plötzlich, daß mir ja die Zitrone fehlte; ich hatte vergessen, sie auch darum zu bitten. Kurz entschlossen nahm ich Zitronenöl. Als ich die Zitronen-Ei-Packung gerade aufgetragen hatte, sagte sie: "Ich bin übrigens gegen Zitronenöl allergisch." Ich habe sofort alles abgewaschen, um zu retten, was zu retten war. Ganz verzweifelt lege ich schnell lauwarme Kompressen auf, da schnellt sie auf von dem Behandlungsstuhl: "Soll das etwa alles sein? Machen Sie die Maske schon wieder ab?" Und ich: "Nein, das war nur die Vorbereitung zur Maske!" Sie war noch rot, als sie ging. Aber sie kam am anderen Morgen strahlend wieder und meinte. "Machen Sie mir das noch einmal, das war großartig. Ich sah großartig aus - 10 Jahre jünger!" Ich dachte - wenn du wüßtest! Aber das kann ich nicht noch einmal machen, diese Angst möchte ich nicht ein zweites Mal ausstehen.

Mit solchen Tücken mußte man schon rechnen in jener Zeit, als zur Behandlung nur Hausmittel blieben. Sie hatte dennoch ihr Gutes. Sie zwang zum Experiment, zum immer neuen Durchdenken der Kosmetik, von ihren Grundlagen her. Und je knapper das Materielle wurde, desto mehr suchte ich nach Möglichkeiten, das Immaterielle, die Kraft der Seele und des Geistes, wirken zu lassen und zu mobilisieren. Atemtherapie, Entspannungstherapie, das alles habe ich damals mit den Kundinnen erfolgreich ausprobiert.

Auf einem anderen Gebiet ließ sich der "Mangel an Masse" aber beim besten Willen nicht kompensieren: in der Ernährung. Jener Satz aus der "Dreigroschenoper", den jeder längst schon für überholt gehalten hatte: "Erst kommt das Fressen, dann die Moral", jetzt traf er den Nagel auf den Kopf. Der Tauschhandel blühte, und was am nötigsten war, hatte den höchsten Wert. Wenn man für ein Markenklavier so viel Pfund Mehl bekam, wie das Instrument Tasten hatte, konnte man Gott und dem gnädigen "Selbstversorger" danken. Denn das Wort "Bauer" kam damals außer Sprachgebrauch. Es hätte auch kaum zu den Luxusgütern gepaßt, die sich in der guten alten Bauernstube zu stapeln begannen - Teppiche, Uhren, Stoffe, Schmuck ...

Man "schob" also. Wenn es gar nicht anders ging, schob man mit dem Handwagen über Land. Die 25 Kilometer von Achern bis Baden-Baden (und natürlich dieselbe Strecke zurück) sind wir allwöchentlich mit dem Wägelchen gelaufen. Wir - das heißt: meine Anemone und ich. Manchmal war auch meine Kosmetikerin dabei, eine sehr geschickte Kraft, die als "Mädchen für alles" einsprang, mit den Kindern lernte und heute in einer großen Stadt Frau Oberbürgermeister ist. Wir gingen hinaus nach Großweier, wo die Grundstücke meiner Mutter gewesen waren, und kamen nie mit leeren Händen heim. Sogar die Kunst ging damals nach Brot.

Eines Sonntags ... ich hatte wieder einmal ein "gutes Stück" zu Mehl gemacht, die Kinder aus der Klosterschule geholt und an den Küchentisch gesetzt, auf dem ich Dampfnudeln formte, schneeweiße Dampfnudeln, die in süßer Milch aufgesogen wurden, und die Küche duftete wie ein Knusperhäuschen - da klingelte es. Nur jetzt keinen Besuch, keine Mitesser! Aber ich konnte mich auch nicht verleugnen und öffnete. Hereinspaziert kam Erika von Thellmann, voller Neuigkeiten, die sie erzählen mußte. Oder vielmehr: erzählen wollte, denn ihr Redestrom stockte augenblicklich. Ihre Nase schnupperte; sie hatte die weißen Kugeln in der Kasserolle entdeckt, griff hinein, probierte sie, vergaß, weiterzuerzählen und stürzte wieder fort! Ich ahnte, was kommen würde und legte den Kindern schnell ein paar Dampfnudeln auf den Teller. Dann knetete ich neuen Teig vom letzten Mehl, und tatsächlich! Nach einer halben Stunde klingelte es wieder. Draußen stand das halbe Ensemble von Heinz Hilperts "Wintermärchen", das ein Gastspiel in Baden-Baden gab. Und zwar im Kleinen Theater und in meiner Küche. Im Theater hatten sie wie die Götter gespielt, bei mir wie die Götter gegessen. Als sie nach Stunden gegangen waren, meinten die Kinder: daß so berühmte Leute so schnell so viele Dampfnudeln essen konnten, einfach aus der Hand, das hätten sie nie gedacht! Ich schon: das war eine Art "innere Kosmetik".

Die Basis der Hautbehandlungen blieb schmal. Es gab weder Fette noch Öle, um eine Hautcreme herzustellen, die diesen Namen verdient hätte, also ließ ich die Finger davon. Sollten doch andere Hautcremes verkaufen, die nicht einmal gut genug für gegerbtes Leder waren. Statt dessen behandelte ich mit dem, was die Kundinnen mitbringen konnten - ein Ei, ein bißchen Quark, Olivenöl - und verließ mich im übrigen auf das, was ohne Bezugschein zu haben war: auf Kräuter und Säfte. Nun kam mir zustatten, daß ich Kräuterbücher durchgearbeitet hatte, wo immer ich sie aufstöbern konnte. Nun waren die Worte meines Vaters, die praktischen Ratschläge meiner Mutter wieder ganz nah. Ich probierte und probierte und lernte, daß sich aus dem, was die Natur uns gibt, eine ganze Kosmetik aufbauen läßt. Es gibt Myriaden von Kräutern - und keines ist nutzlos oder gar ein Unkraut. Allein für die Hautpflege gibt es Hunderte von Kräutern. Es gibt Kräuter, die beleben, wie Fenchel, Kampfer und Melisse. Es gibt Kräuter, die adstringieren, wie Efeu, Hamamelis, Tannenspitzen und Eichenrinde. Es gibt Kräuter, die bleichen, wie Petersilie, Gurkensaft und Paprika, und andere, die festigen, wie Erika und Schachtelhalm. Es gibt sogar Kräuter, die seifigen Schaum entwickeln und als Waschmittel verwendet werden können: Seifenkraut, Schlüsselblume, Mangold oder Mais. In meiner Augenlotion habe ich zum Beispiel Fenchel, Augentrost, Kamille, Veilchenwurzel, Käsli- oder Labkraut und viele andere Kräuterextrakte und -säfte gemischt. Ich hatte ausgezeichnete Badezusätze erprobt mit Fette-Henne, Roßkastanienmehl, mit Schöllkraut, - mit Schachtelhalm, natürlich auch mit Heublumen und Weizenkleie. Die Natur ist auch heute noch die mit Abstand billigste Apotheke. Man muß nur jeweils das richtige Kraut finden und es im richtigen Maß anwenden. Das Arbeiten mit Kräutern verlangt Wissen und Sorgfalt und - vor allem - Zeit. Zeit ... !

Im Institut war viel, viel zu tun. Anemone und Rosemarie halfen schon aus, meine Nichte war auch da, aber das Geld, das man verdiente, hatte keinen Wert; man arbeitete bis ans Ende seiner Kräfte, aber man konnte nichts dafür kaufen. Einmal bot mir ein Schwarzhändler Schokolade an, und ich kaufte den Kindern eine Tafel - für 200 Mark, das waren 20 Behandlungen. Für eine halbstündige Sitzung zur Damenbart-Entfernung mit dem Epilationsapparat - eine Fingerspitzenarbeit, die mit viel Gefühl, ruhiger und sicherer Hand und in höchster Konzentration ausgeführt werden muß - bekam ich ein andermal zwei Eier. Zu der Arbeit im Institut, zu den Hamsterfahrten über Land, zu den Experimenten in meinem winzigen Labor kam eine umfangreiche Korrespondenz. Meine Künstlerinnen und Schauspieler, auch einstige Kurgast-Kundinnen, meldeten sich von überall her, schrieben verzweifelte Briefe, fragten wie sie sich pflegen könnten, da es nirgends brauchbare Präparate gab. Abend für Abend saß ich an meinem kleinen Biedermeierschreibtisch und schrieb und schrieb ... Ratschläge für alles Mögliche, Hinweise auf die Ernährung, auf Atemtherapie und

Bürstenmassage, für Hautpflege mit Hausmitteln wie Milch, Ouark, Eigelb, Kleie, Olivenöl, - kurz: Möglichkeiten, die Haut trotz der damals sehr schlechten Theaterschminke gesund und elastisch zu erhalten, bis zu dem Tag, an dem es wieder Präparate geben würde. Ein Tag, der uns allen damals unendlich weit entfernt erschien - wenn man überhaupt daran zu glauben wagte.

# Phönix aus der Asche

Jede Besatzungszeit hat Schlimmes und Gutes. Sie erzeugt Druck und Gegendruck, sie führt aber auch zu unmittelbarem Kontakt und damit zu besserem Verständnis zwischen den Völkern. Die Sieger lernten einen anderen Deutschen kennen: den friedlichen Bürger, der nichts sehnlicher wünschte, als in Ruhe seine Arbeit zu tun. Sie erkannten aber auch, daß ein politischer Neuanfang, ein Umdenken - man sagte "Re-Education"- nicht möglich war, ohne ein Minimum an wirtschaftlicher Basis. Daß weitere Demontagen im Herzen Europas ein Vakuum schaffen würden, das politisch gefährlich war.

Das Besatzungsstatut wurde aufgehoben, im Grundgesetz ein neues Staatsgebilde verankert: die Bundesrepublik Deutschland. Gleichzeitig mußte die deutsche Wirtschaft wieder auf eine gesunde Grundlage gestellt werden. Das war nur möglich durch eine schmerzhafte Operation, ja Amputation: durch die Währungsreform. Von einem Tag auf den anderen war das gesamte Barvermögen verloren. Das wenige, was an Sachwerten unzerstört und undemontiert geblieben war, wurde mit hohen Abgabepflichten belastet. Was blieb, war der unveräußerliche Besitz: Können, Tatkraft und Intelligenz. Man hatte diesen Tag "X" kommen sehen. Es war ja einleuchtend, daß das wertlose Geld, im Tausendjährigen Reich zur Kriegsfinanzierung ohne Gold- und Sachdeckung gedruckt, auf den tatsächlichen Wert reduziert werden mußte. Auch ich hatte die Währungsreform erwartet, von der jeder sprach, ohne sich die Auswirkungen auch nur vorstellen zu können - und ich hatte mich davor gefürchtet. Würde irgendjemand das neue, kostbare Geld für Kosmetik ausgeben - wo doch alles neu beschafft werden mußte? Würden die Kundinnen noch kommen? Aber ich brauchte sie doch, brauchte den Umgang mit Menschen.

So kam ich auf die Idee, meinen Stammkunden vor der Währungsreform ein Abonnement für die Zeit danach zu verkaufen. Und sie kamen tatsächlich und lösten es ein. Mancher Neunmalkluge hat mich damals ausgelacht, weil ich eine ganze Weile noch umsonst gearbeitet habe. Aber es war nicht umsonst. Weil der Strom dadurch nicht abriß: Wenn das Abonnement abgelaufen war, erneuerten es fast alle Kundinnen und zahlten, diesmal in harter D-Mark. Langsam - so langsam, wie die requirierten Hotels allmählich wieder freigegeben und instandgesetzt werden konnten - kamen wieder Kurgäste nach Baden-Baden. Aber auch junge, berufstätige Frauen wollten nun regelmäßig gepflegt sein. Viel stärker als vor dem Krieg war ihnen bewußt, daß es nicht nur auf die Kleidung, sondern auch auf das gepflegte Aussehen ankam, wenn es wieder aufwärts ging. Und es ging sehr schnell aufwärts. Die neue Währung hatte einen harten, aber guten Klang. Die deutsche, gehortete Ware floß ins Ausland, Rohstoffe strömten herein. Das Leben legalisierte sich schneller, als der kühnste Optimist sich hätte träumen lassen. Dank der rastlosen Energie und Zähigkeit der scheinbar unverwüstlichen Deutschen. Scheinbar ... Denn man darf die Kehrseite der Medaille nicht vergessen. Alle Beteiligten am damals dämmernden deutschen Wirtschaftswunder haben sich übernommen, haben Tag und Nacht geschuftet ohne Rücksicht auf ihre Gesundheit. Auch ich war hier keine Ausnahme. Aber ist das nicht verständlich, da es darum ging, endlich wieder Fuß zu fassen? Doppelt verständlich, weil ich ja nun endlich wieder ans Produzieren denken konnte? So stand ich von morgens bis abends im Institut, erledigte danach die Korrespondenz mit den Depots, die meine Präparate verkauften, und den Lieferfirmen für hochwertige Öle und Fette, die nun im Ausland wieder zugänglich waren, und vergrub mich die halbe Nacht in meinem engen Labor, um die Cremes anzurühren. Der Erfolg blieb nicht aus. Neue Interessenten meldeten sich, immer länger wurden die Listen, die neue Aufträge brachten - neue Last. Bis ich eines Nachts über der Arbeit zusammenbrach und einen Arzt um Hilfe rief. Er servierte mir die Quittung für alle Mühe: ein schwerer Herzanfall, der absolute Ruhe verlangte, Bettruhe für mehrere Wochen. Ich bin bestimmt nicht zimperlich, aber damals habe ich mich brav ins Bett gelegt - ich konnte gar nicht anders. Es ging nicht mehr. Dieser Herzanfall hat mich zur Besinnung gebracht. Ich hatte geglaubt, alles allein machen zu müssen, und das war falsch. Niemand kann gleichzeitig die kosmetische Praxis und die Entwicklung der Präparate beherrschen, dazu das Gefühl für den Markt haben und obendrein noch Produktion und Vertrieb organisieren! Damals habe ich mir vorgenommen: Wenn dich der Herrgott am Leben läßt, dann machst du es von jetzt an anders. Machst nur das selber, was du unbedingt selbst machen mußt, weil du am meisten davon verstehst. Für das andere aber suchst du dir einen Partner. Und noch etwas habe ich damals eingesehen: Man sollte immer so mit sich im Reinen sein, daß man jederzeit Adieu sagen kann, ohne Angst haben zu müssen, daß alles durcheinandergerät, wenn man plötzlich nicht mehr da ist. So habe ich die Anemone zu mir kommen lassen - knapp 17 war sie damals - und habe ihr gezeigt, wie man mit dem Epilationsapparat umgeht. Dann habe ich mein Bein aus der Bettdecke gestreckt, und sie hat mir Haar um Haar entfernen müssen, bis sie es konnte! Es hat ihr sicher mehr weh getan als mir. Aber ich glaube, sie hat es verstanden. Es war nur: Für alle Fälle ... Als ich wieder aufstehen konnte, bin ich nicht gleich wieder ins Geschirr gegangen, sondern habe mir Zeit gelassen und mich umgesehen. Es war in jener Gründerzeit nach der Währungsreform nicht sonderlich schwer, einen Partner zu finden, der Planung, Fertigung und Vertrieb meiner Erzeugnisse übernahm. Die Verbindung ergab sich fast von selbst. Der Inhaber eines Friseursalons in Potsdam, der französische Lippenstifte, Nagellacke und Puder importiert und unter dem Namen Sans Soucis vertrieben hatte, wollte in seiner badischen Heimat ein neues kleines Unternehmen aufbauen. Darin wollte er nicht wie bisher nur dekorative Kosmetika, sondern ein komplettes Sortiment von Hautpflegepräparaten anbieten und selber herstellen. Er sah sich nach einem bewährten, bereits eingeführten Hautpflegesortiment um, stieß auf den Namen Rosel Heim und stand eines Tages vor meiner Tür. Ich war froh, in Walter Friedmann einen jungen, tatkräftigen Menschen gefunden zu haben, der mir alle Sorgen um Fabrikation und Vertrieb abnahm. Als "Aussteuer" brachte ich eine über 20jährige Erfahrung in Produktion und Praxis mit, vor allem einen "Werbe-Etat", auf den damals niemand sonst verweisen konnte: "Meine" Künstler! Unentgeltlich, aus reiner Dankbarkeit und Überzeugung, stellten sie mir ihren Namen und ihre Fotos zur Verfügung, alle wollten sie mir helfen, wieder etwas aufzubauen. Ida Wüst schrieb mir, Erika von Thellmann, Albrecht

Schoenhals, Rudolf Fernau, Carola Höhn, Willy Birgel ... alle. Eine solche Hilfsbereitschaft zu spüren, so viele Freunde zu haben, ist unbezahlbar und eines der schönsten Gefühle im Leben. Natürlich ging es aufwärts, steil aufwärts sogar. Aus einem Provisorium war bald eine große Anlage entstanden, und Jahr um Jahr mußte das Werk erweitert werden. Am Anfang machte ich die Präparate noch selbst, stand morgens im Labor, um sie anzusetzen, und fuhr abends, nachdem die Arbeit im Institut getan war, ein zweites Mal nach Bühl, um zu parfümieren. Ich fuhr auf einer Vespa - auf dem Rücksitz. Einmal diente Rosmarie als Fahrer, ein anderes Mal Anemone - aber im Fahrstil merkte ich keinen Unterschied, sie fuhren beide gleich verrückt. Es war eine schöne, erfüllte Zeit, denn ich konnte mich wieder ganz der reinen Kosmetik widmen, dem Labor, dem Institut, der Entwicklung und der Lehre. Vor allem hier sah ich Anlaß zur Sorge. Das deutsche Wirtschaftswunder hatte neben tüchtigen Managern auch viele unternehmungslustige Leute auf den Plan gerufen, die nur Geschäfte aufmachten, um möglichst schnell Geld zu machen. Auch die Kosmetik blieb davon nicht verschont. Viel zu viele Institute nannten sich zu Unrecht Kosmetik-Salon; viel zu wenig junge Kosmetikerinnen verstanden wirklich etwas von Kosmetik. Das war gewiß nicht ihre Schuld. Während des Krieges konnten in diesem nicht kriegswichtigen Beruf so gut wie keine Nachwuchskräfte ausgebildet werden. Ein Mangel, aus dem nun allzu geschäftstüchtige Firmen zusätzlichen Gewinn schlugen, indem sie das Vertriebsrecht ihrer Erzeugnisse an "Kurzlehrgänge" knüpften, in denen man - oft in nur 24 Lehrstunden - zur Kosmetikerin "ausgebildet" wurde. Nicht selten nannten sich die Absolventen dieser Kurse dann noch stolz "Diplom-Kosmetikerin".
Aber schlimmer noch als diese mißbräuchliche Titelverwendung erschien mir das Risiko für die Kundin, die von Kurz-Geschulten beraten oder behandelt wurde. Was sich in einem solchen Kurs lernen ließ, reichte kaum aus, um die primitivsten Grundbegriffe der Kosmetik und die Anwendungsmethoden der einzelnen Präparate zu kennen. Wer aber ein kosmetisches Präparat zur Behandlung verwenden oder auch verkaufen will, muß auch wissen, warum er gerade dieses Mittel empfiehlt.
Ich versuchte, gegen den drohenden Niveauverlust in der Kos-

metik anzugehen, indem ich Vorträge hielt und Lehrgänge ins Leben rief. In Köln sprach ich im großen Saal der "Terra" vor etwa 800 Menschen. In Steglitz startete ich eine ganze Vortragsreihe.

Ich sprach zunächst allgemein über Schönheitspflege und führte dann meine Kosmetik vor. Von dem Presse-Echo, das diese Abende hatten, hätte ich wohl nie erfahren, wenn nicht nach einigen Tagen ein Journalist bei mir in Baden-Baden aufgetaucht wäre: "Ich habe den Artikel über Ihre Demonstration in Berlin gelesen. Da steckt Zukunft drin. Die Kosmetik ist im Kommen" - "Wem sagen Sie das! Wenn es nach mir ginge, hätten wir schon längst einen Fachverband, der die seriösen Institute vereinigt und sich gegen den unlauteren Wettbewerb der Geschäftemacher zur Wehr setzt, der Richtlinien und Normen für die Ausbildung schafft. Aber Sie wissen ja selbst: Jeder sieht im anderen nur die Konkurrenz und nicht den Mitarbeiter". Meine Ideen weckten in ihm seinen Unternehmergeist: "Soviel ich weiß, haben Sie nicht einmal eine Zeitschrift, ein eigenes Organ, in dem sich jeder Kosmetiker zu Wort melden und über alles Neue orientieren kann. Darum komme ich nämlich zu Ihnen. Ich möchte die Zeitung unter Ihrer fachlichen Regie herausbringen ... "

Zunächst wurde Norbert Tessner - so hieß der Journalist - Geschäftsführer des "Fachverbands der deutschen Kosmetikerinnen", den wir Ostern 1951 in Baden-Baden gründeten. Meine Geschäftspartner Walter Friedmann und Heinz Walterscheid hatten mich bei seiner Gründung mit dem ganzen Einsatz ihrer Person unterstützt. Ich selbst wurde die erste Präsidentin des neuen Verbandes. Sein Ziel war:

Schutz der deutschen Kosmetik vor unlauterem, berufsschädigendem Wettbewerb; Fühlungnahme und Zusammenarbeit mit den Kosmetikerinnen des Auslandes; Weiterentwicklung der deutschen Kosmetik durch Schulungskurse anerkannter Fachkräfte.

Zwei Monate später erschien die erste Nummer der Kosmetikerinnen-Fachzeitung. Auf der Titelseite prangte ein Foto: "Rosel Heim im Gespräch mit dem österreichischen Arzt Dr. Nemec".

Außerdem brachte die Zeitschrift meine Eröffnungsrede zum Ersten Verbandstag im Baden-Badener Kurhaus, ein beschwörendes Plädoyer für eine langfristige, gründliche kosmetische Ausbildung. Das Thema, das mich brennend bewegte. Hatte ich nicht selbst erfahren, wie ungenügend eine kurzfristige Ausbildung war, wie mühsam man die Kenntnislücken durch eigenes Weiterarbeiten füllen mußte? Damals war es mir so klar wie heute: Ansehen und Fortbestand des Berufsbildes der Kosmetikerin stehen und fallen mit der Frage der Ausbildung.

Aber dann traf es mich wie ein Schlag: wenige Seiten hinter meinem Apell für eine bessere Ausbildung kam ein großes Inserat:

"Kurzausbildung zur Kosmetikerin
- nur vier Wochen".

Entsetzt rief ich Herrn Tessner an, wie so etwas in der Verbandszeitung möglich sei - ich glaubte noch an ein Versehen. Er aber berief sich auf seine berechtigten kommerziellen Interessen, die es ihm nicht erlaubten, einen gut zahlenden Inserenten abzulehnen ... Ich schrieb ihm in seiner Eigenschaft als Geschäftsführer des Fachverbands, wenn er diese Inseratsserie nicht stoppe, sähe ich mich gezwungen, als Präsidentin zurückzutreten. Zunächst passierte nichts. In der nächsten Nummer unserer Zeitschrift erschien das Inserat erneut. Außerdem die lakonische Notiz:

"Rosel Heim als Präsidentin zurückgetreten".

Um so mehr Zeit hatte ich nun für neue, drängende Aufgaben, Schulungskurse für Vertreter und Depositäre, schließlich ein langfristiger Ausbildungsplan für Volontärinnen. Ich nahm neue, junge Kräfte in mein Institut, in jedem Halbjahr zwei, und bildete sie nach diesem Plan systematisch und methodisch aus. Auch Anemone, meine Älteste, nahm ich dazu. Obwohl sie schon manchesmal behandelt hat, durchlief sie die gesamte, stufenweise Ausbildung mit den anderen. Zur Kontrolle, wie das System funktioniert. Schon bald war nicht mehr davon die

Rede, daß sie gern Krankenschwester geworden wäre, sie wurde meine Assistentin. Rosemarie wollte nichts von der Kosmetik wissen. Sie wollte Sprachen studieren, auf jeden Fall "etwas Rechtes" lernen. War es mir im Elternhaus nicht genauso gegangen? Nur, daß für mich dieses "Rechte" eben die Kosmetik war ... Obwohl sie gute, geschickte Hände gehabt hätte. Aber je mehr Anemone in die Arbeit hineinwuchs, je mehr das kosmetische Fachgespräch nun auch unser Privatleben, ja sogar die Tischrunde beherrschte, desto mehr zog sich Rosemarie zurück. Sie wollte weg, wollte die Welt sehen. Eines Tages schrieb Maria Schweizer, die Präsidentin des Schweizer Kosmetik-Verbandes, daß sie sich freuen würde, eine meiner Töchter in Zürich auszubilden. Ich fragte mich, ob das ein Köder für meine Jüngste sein konnte?

Rosmarie, biß an, packte ihre Koffer und fuhr glücklich in die Schweiz. Nicht der Kosmetik, sondern Zürich zuliebe. Ein Jahr später kam sie als begeisterte und überzeugte Kosmetikerin zurück. Nun hatte ich beide Kinder bei mir. Sie haben mir in jenen Jahren sehr geholfen.

Sie bestärkten mich auch in einem Entschluß, den ich schon lange mit mir herumgetragen hatte: ich wollte versuchen, der Kosmetik breitere Resonanz zu verschaffen, sie auch jenen zugänglich zu machen, die sie genauso nötig brauchten wie meine Kundinnen. Denn immer noch war die Kosmetik in erster Linie eine Angelegenheit der oberen Zehntausend: nur zehn Prozent aller Frauen verwendeten Kosmetika, nur ein Bruchteil von diesen pflegte sich regelmäßig und nach den Anweisungen einer Kosmetikerin. Ich mußte den Frauen klarmachen, daß Kosmetik nichts anderes als Körperpflege, ja Gesundheitspflege ist. Ich fing dort an, wo Frauen ohnehin zusammenkommen, ich sprach vor den Verbänden. Leicht war es nicht!

Zu meinem ersten Vortrag beim Hausfrauenbund Baden-Baden waren viele gekommen, aber sie waren sehr kritisch. Trotzdem rief mich schon nach wenigen Tagen die Vorsitzende an, ob ich nicht den Winter über eine ganze Reihe von Kosmetikabenden halten könne. Ich sagte gern zu, auch, als weitere Frauenvereine kamen, und mich schließlich der Rundfunk um Mitarbeit bei einer Sendereihe bat. Hier war das Forum, das ich mir gewünscht hatte! Ich plauderte mit der Leiterin des

Frauenfunks über Sommersprossen, Doppelkinn und Damenbart, über Augenfältchen und Hausfrauenhände. Über das, was die Hörerinnen dieser Vormittagssendungen beim Gemüseputzen oder Geschirrspülen bedrückte. Das Echo an Hörerbriefen war groß und brachte mir zusätzliche Arbeit. Aber ich war glücklich. Auch "einfache" Frauen begannen zu begreifen, daß die Kosmetik für jeden da ist. Was mich immer wieder erstaunte: jene Frauen kamen gar nicht auf den Gedanken, etwas für sich selbst zu tun, sich zu pflegen. Sie, die in schweren Kriegsjahren die Kinder ohne ihren Mann großziehen mußten, die danach Mühen und Mehrarbeit auf sich nahmen, um nur alle satt zu bekommen, hatten verlernt, an sich selbst zu denken. Deshalb sagte ich ihnen immer wieder, daß Kosmetik nicht Selbstzweck ist, sondern einem glücklicheren Leben dient - dem eigenen und dem der Familie.

Einmal schickte mir Dr. Albrecht Schoenhals eine amerikanische Schauspielerin; sie hatte ihn wegen ihrer Schlaflosigkeit konsultiert. Eine ihrer Bekannten meinte: "Die brauchen Sie erst gar nicht zu bestellen. Die ist sich selbst nicht gut, da hilft alles nichts". Ich sah gleich, was ihr fehlte; sah die dunklen Ringe unter den Augen hinter ihrer Sonnenbrille. Ich bestellte sie täglich und behandelte sie mit viel Liebe. Ich habe sie einfach streichelnd massiert, bis sie ganz ruhig war. Zum Schluß habe ich ihr dann heimlich - denn sie hatte sich gleich zu Beginn kategorisch jedes Make-up verboten - die dunklen Ringe mit einer Spur "Teint Nuancen Milch" aufgehellt. Sehr wichtig war auch die Rolle, die der Portier ihres Hotels auf meine Bitte hin übernommen hatte: er begrüßte sie jeden Morgen mit den Worten: "Sie scheinen besser geschlafen zu haben heute nacht, Sie sehen viel besser aus!" Nach einigen Tagen wurde sie auch in der Stadt auf ihr verändertes Aussehen angesprochen, und diesmal nicht "manipuliert". Zu Albrecht Schoenhals sagte sie: "Seit ich bei Rosel Heim in Behandlung bin, sehe ich nicht nur anders aus, ich schlafe auch viel besser. Diese Frau muß eine Hexe sein!"

Das alles hatte natürlich gar nichts mit Hexerei, sondern um so mehr mit angewandter Psychologie zu tun: wie soll eine Frau eine gute Meinung von sich selbst haben, wie soll sie Lebensmut und Selbstvertrauen gewinnen, wenn ihr bei jedem Spiegelblick ein fahles, zersorgtes, unscheinbares und entsprechend mißmutiges Gesicht entgegenschaut? Um den Frauen Mut zu machen, sich aus diesem Teufelskreis herauszureißen und damit anzufangen, eine gesündere und damit schönere Haut erst einmal zu wollen, mußte ich ihnen beweisen, daß Schönheitspflege jeder Frau möglich ist. Auch wenn sie noch so wenig Zeit hat und wenn es nur Pfennige kosten darf. So brachte ich mein kosmetisches System auf die einfachste Formel und servierte sie "verbrauchergerecht". Landauf, landab hielt ich in Kinosälen, Turnhallen und Hotels meine Vorträge, sprach vor Hausfrauen und Fachlehrern, Jugendclubs, Lehrlingsklassen und weiblichen Angestellten, vor Arbeiterinnen wie vor internationalen Damenzirkeln. Kein Wochenende gehörte mehr mir. Ich war Wanderpredigerin für die Kosmetik und ich spürte, daß das, was ich sagte durchaus offene Ohren fand:

## Hautpflege - leicht gemacht:
Sinnvolle Hautpflege - das ist der Dreiklang Reinigen, Ausgleichen, Pflegen - jeweils auf die Bedürfnisse des Hauttyps abgestimmt.

"Sinn der Reinigung ist es, den Umweltschmutz zu entfernen und die Haut für die Aufnahme der folgenden Präparate vorzubereiten. Das Reinigen soll so sanft wie möglich und so gründlich wie nötig geschehen. Sinn des Ausgleichens ist es, das normale Gleichgewicht auf der Haut wiederherzustellen.
Sinn der Tagespflege ist es, die Haut vor den Verunreinigungen der Luft zu schützen, ihr Feuchtigkeit zuzuführen und zu verhindern, daß zu viel hauteigene Feuchtigkeit verdunstet. Auf dieser Grundlage kann dann das Make-up aufgetragen werden, eventuell etwas Puder."

Das Wort Make-up ist mir, seit ich an diesen Blättern schreibe, zum ersten Mal in die Feder geflossen. Und ich bekenne ehrlich: Ich mochte es nie. Ich habe meine Kundin schön gemacht, habe ihr entspanntes Gesicht studiert, mich in ihre Art hineingefühlt und dann durch kleine Nachhilfen mit Rouge und Lippenstift das hervorgehoben, was das Besondere an ihr war. Auch kleine

Unregelmäßigkeiten habe ich natürlich korrigiert. Aber ich habe ein Gesicht nie verändert. Ich habe es selbst wirken lassen - in seiner vorteilhaftesten Weise. Doch dann trippelten die Französinnen durch Baden-Baden, ich sah die Girls der amerikanischen Dienststellen bei meinen Vortragsreisen quer durch die Bundesrepublik und dachte: wenn dieses auffallende Make-up verlangt wird, mußt du es können. Auch sonst brannte ich darauf, endlich zu erfahren, wie sich die Kosmetik in der Welt entwickelt haben mochte, nachdem wir so lange Jahre vom Ausland abgeschlossen waren. Seit einiger Zeit bereitete ich die Präparate nicht mehr selbst, ich hatte sie meinem Geschäftspartner in Lizenz gegeben. Das Institut lief ausgezeichnet, beide Töchter arbeiteten nun darin. Was hinderte mich daran, wieder einmal aufzubrechen, um Neues zu erfahren?

# Paris

Unvermutet kam etwas meiner neuerwachten "Weltneugier" entgegen: ich wurde gebeten, eine Gruppe junger Kosmetikerinnen zu einem Maskenbildnerseminar bei Fernand Aubry in Paris zu begleiten. Die jüngste Teilnehmerin war meine Rosmarie. Ach, habe ich mich gefreut auf Paris! Es ist für mich die schönste Stadt, so frei, so ungezwungen. "Man könnte einen Pot-de-chambre auf den Kopf setzen und damit auf die Straße gehen - kein Mensch würde sich wundern", hatte ich seinerzeit von der Weltausstellung nach Hause geschrieben. In dieser freien Luft, in diesem internationalen Fluidum raffinierter Eleganz, die man mit so viel Kultur und Geschmack zu servieren weiß, muß eine Frau ja aufatmen. Ich verstehe die Jugend von heute so gut, wenn sie einfach tut, was ihr Spaß macht: Das könnte ich auch. Ganz frei sagen: "Ob ihr das nun sehr vornehm findet oder nicht, ich hab jetzt Lust auf dies oder das". Im Maxim's Champagner trinken oder mitten auf dem Trocadéro im Brunnen baden, wäre dann einerlei.
Paris!
Wie ein Generalstäbler bereitete ich die Reise vor - oder wie ein Kunsthistoriker eine Seminarfahrt. Verhandelte lange mit Fernand Aubry, dem berühmten Visagisten, um einen erschwinglichen Preis für ein Seminar (da es sich schließlich um "arme Studentinnen" handelte), plante aber auch den Louvre ein, Versailles, die Oper und das Ballett. Und weil wir sparen mußten, fragte ich schon im Zug. "Kinder, Paris hat so breite Betten! Da könnten sich doch eigentlich immer zwei ein Zimmer teilen - und wir hätten um so mehr Möglichkeiten, uns etwas anzusehen..." Für meine Küken aber schien Paris nicht die Hochburg der Kosmetik, sondern das Paradies aller unerfüllten Mädchenwünsche. Schon am ersten Morgen waren sie nicht mehr zu halten, ich mußte sie springen lassen. Um zwei Uhr sollten sich alle wieder am Eiffelturm einfinden. Aber - so hoch ist selbst der Eiffelturm nicht, daß man ihn von jedem Pariser Gäßchen aus sehen könnte. Während ich mit einer Kursteilnehmerin einkaufen ging, verirrte ich mich selbst im Straßengewirr. Schließlich

nahm ich allen Mut zusammen und steuerte auf einen Gendarm zu. "Je - je suis le Tour Eiffel ... ?" Er lachte mir laut ins Gesicht. Was hatte ich gesagt? "Ich bin der Eiffelturm? ... " - "Ich suche den Eiffelturm", hatte ich sagen wollen; kein Wunder, daß er nur so prustete vor Lachen. Um mich dann ganz seriös, ganz Kavalier, höchstpersönlich zu unserem Treffpunkt zu eskortieren. Dort zeigte die Normaluhr zwar schon halb drei, aber der Lehrgang war noch lange nicht komplett. Halb fünf wurde es, bis der ganze Geleitzug vor dem Schönheitssalon "Fernand Aubry" stand und sich ehrfurchtsvoll durch die gläserne Pforte schob. Ich hatte mir keine Illusionen gemacht. Ich wußte, gerade der geniale Künstler hütet sein Geheimnis am eifersüchtigsten. Tatsächlich führte man uns so geschäftig durch die Behandlungsräume, daß wir das raffinierte Interieur nur flüchtig erhaschen konnten, dieses Zwischending von Operationssaal und Boudoir. Man zeigte uns nichts, man schob uns eher an allem vorbei: an einen Einblick in die Arbeitsweise war nicht zu denken.
Im Demonstrationssaal ließ der Meister auf sich warten.

Während wir in den Bänken saßen wie Kinder in der Sonntagsschule, lag eine Art Weihrauch in der Luft das hauchzarte Odeur eines teuren Parfüms. Eine Flut von Licht ergoß sich plötzlich über die Empore, auf der ein weißpolierter Tisch stand, darauf Tiegel, Tafeln, Dosen, Pinsel. Dann tat sich eine weiße Tür auf, und im taubenblauen Anzug trat Fernand Aubry herein, der Schöpfer des Pariser Wundergesichts. Er stützte zwei schlanke, weiße Hände auf die Glasplatte und sprach mit zärtlichem Tremolo einen Psalm über die Schönheit der Natur, den Charme der Frauen und die heilige Pflicht, auf ihr Gesicht ein permanentes Lächeln zu zaubern, das Lächeln der Lebenslust. Dann erst kam die eigentliche heilige Handlung. Fernand Aubry zeichnet einen Aubry-Mund. Er zieht den Mundwinkel mit dem Pinsel hoch ... der Mund lächelt, auch wenn jeder Muskel entspannt ist. Ebenso wird der Lidstrich nach oben geschwungen und die Augenbrauen: Das Auge strahlt. Und das ganze Gesicht? Ein Idealbild, das die Natur so positiv darstellt wie nur möglich. Meine Küken wurden mehr als schwach angesichts solcher Kunst. Sie studierten nicht nur eifrig die Striche, sie verwandelten sich von Tag zu Tag mehr. Sie wurden, eine nach der anderen, Aubry-schön. Ich wunderte mich. Bis ich feststellte, daß sich meine "armen" Studentinnen, eine nach der anderen, im Aubry-Salon behandeln hatten lassen- zu jeweils 6000 Francs! Nach einer Woche ein Bankett als Finale, ein Gruppenfoto ... Man weist mir einen Sessel im Vordergrund zu, rückt einen zweiten daneben für Fernand Aubry. "Hierhin?" fragte ich erst überrascht, um dann den Fotografen eines Besseren zu belehren: "nein, da irren Sie sich. Monsier Aubry wird sich nicht hierhersetzen". Man zog die Augenbrauen hoch, wundert sich wohl über die dickköpfige Deutsche, ließ den Stuhl aber dennoch da, wo er war. "Warum meinst du, daß Monsieur Aubry sich nicht hierhersetzen wird?" fragte mich Rosmarie leise. "Weil er dann von links auf das Foto käme", flüstere ich zurück. "Seine Schokoladenseite ist aber die rechte. Du wirst sehen, nie setzt er sich hierher!" Geraune, Unruhe, der Meister kommt. Lächelt verbindlich, grüßt entzückt, ergreift den Stuhl zu meiner Linken und trägt ihn nach rechts hinüber, ein Wink an den Fotografen: "Von dieser Seite, Monsieur ... "

Die Tage in Paris waren vorbei, ehe wir mehr als einen Einblick in die französische Kosmetik gewinnen konnten. Denn die Industrie war fast noch verschlossener als die Salons. Man war höflich, begrüßte mich herzlich als Kollegin aus Deutschland, sprach sehr anerkennend über die Präparate, aber für meine Bitte um eine Führung durchs Werk war man taub. An den Proben, die man uns mitgab, stellte ich nur einen Unterschied zu den deutschen fest: die französischen Cremes waren immer ausgesprochen stark parfümiert. Ich setzte meinen Präparaten grundsätzlich kaum Parfüm zu. Was bei mir duftete, waren in erster Linie natürliche ätherische Pflanzenöle, allerdings in kleinsten Mengen, weil jedes Zuviel an Duftstoffen die Haut reizen kann.

Ich brachte alle meine Küken wohlbehalten über die Grenze und entließ sie auf dem Bahnhof in Baden-Baden. Dann sagte ich zu Rosmarie: "In ein paar Wochen fahren wir noch einmal nach Paris, als harmlose Fremde. Dann lassen wir uns nicht empfangen, sondern behandeln. Für teures Geld, aber vielleicht - für gute Tips". Es dauerte ein halbes Jahr, aber wir fuhren tatsächlich. Schon im Orient-Expreß spielten wir unsere Rollen. Ich: eine reiche Witwe, die kein Wort Französisch versteht. Rosmarie: mein neugieriges Töchterchen, das gerade aus dem Internat kommt und munter französisch parlierend, alles, alles ganz genau wissen will.

Unser erstes Angriffsziel war d'Estrée. Mit gelangweilter Eleganz ging ich auf die Empfangsdame zu und sagte resolut auf Deutsch: "Ich möchte alles haben. Alles, verstehen Sie? Geld spielt gar keine Rolle." Der Nachsatz rollte so sicher über meine Zunge, daß die Dame das Scheckbuch in meiner Tasche förmlich knistern hören mußte. Sie stellt ein Programm zusammen, das auch eine Soraya nicht enttäuscht hätte - einen Querschnitt durch die kosmetischen Behandlungsmöglichkeiten. Ich lies alles über mich ergehen, wortlos, gelangweilt, als wäre eine derartige Generalüberholung die übliche Morgentoilette. Meine Tochter saß daneben und fand alles "schrecklich aufregend". Keine Minute verging, in der sie nicht mindestens drei Fragen stellte. Und sie wurden brav und lächelnd beantwortet, einem Kind kann man schließlich alles unbesorgt erklären. Als wir den Salon verliesen, war ich wie neu. Wir beide aber wussten:

d'Estrées Behandlung ist horrend teuer, sehr sorgfältig, aber kosmetisch ohne besondere Geheimnisse. Ich hatte abends zwei Stunden zu tun, um mich wieder in die reiche Witwe zu verwandeln, die tags darauf mit ihrem Töchterchen zum nächsten Salon gehen würde, zur nächsten Generalüberholung.

Wir waren durch Madame Kalmán empfohlen worden, der Frau des Komponisten Emmerich Kalmán, die mit ihrem Mann jedes Jahr nach Europa kam und während ihrer Baden-Badener Aufenthalte Kundin bei mir war. "Dort müssen Sie gewesen sein!" sagte sie, "jede Hollywood- Diva geht dorthin, wenn sie in Europa ist, man fährt extra deshalb nach Paris, Marlene und einfach jede, die für einen Abend besonders gut aussehen will. Und man sieht fantastisch aus - es ist glatte Zauberei!"

Nun - die fantastische Zauberin begann zunächst mit einer soliden Gesichtsreinigung und dem Auftragen einer Creme. Dann verschwanden Gesicht und Hals unter nasser Watte, die -immer wieder effektvoll- mit alkoholhaltigem Eiswasser beträufelt und besprüht wurde. Mal aus diesem Behälter, mal aus jenem, immer neue Düfte, neue Farben, neue Apparate, immer dieselbe Eiskälte auf dem Gesicht - 30 Minuten lang. Dann Make up, eine richtige Schicht. Ich sah wirklich fantastisch aus, die Haut war eiskalt und völlig fältchenlos und blieb es den ganzen Abend. Am nächsten Morgen war die Haut wieder wie zuvor, keineswegs besonders zusammengefallen, wie dies nach manchen Effekt-Behandlungen der Fall ist, nur eben nicht mehr so ungewöhnlich straff.

"Ist ja eigentlich ein alter Hut", dachte ich, denn meine Erdbeer-Kühlmaske hatte ich damals schon seit einigen Jahren. Aber von nun an baute ich systematisch eine abschließende Kurzzeit-Unterkühlung in die Institutsbehandlung ein. Allerdings zum unveränderten Preis, während ich in Paris für die Schönheit, die aus der Kälte kam, 100,- DM zahlte.

Noch drei große Salons, dann konnte ich am Ende einer anstrengenden Woche mit gutem Gewissen wieder ich selbst werden. Noch am Abend meiner Rückkehr setzte ich mich an den Schreibtisch und arbeitete einen acht Seiten langen Bericht über die französische Kosmetik aus. Dann holte ich mir zum Vergleich die Bücher meines Instituts. Ich gliederte den Kundenkreis nach Beruf, Einkommen, Alter. Und erst, als ich mir anhand der Zahlen bewiesen hatte, daß mein kleines Institut mehr in die Breite wirkte als alle, die ich in Paris gesehen hatte, daß sein Kundenkreis alle Schichten der Bevölkerung umfaßte, gab ich mich zufrieden.

In der liegengebliebenen Post fiel mir ein Brief in die Hände, der mich alle Müdigkeit vergessen ließ: " ... bin ich als Journalistin ohne eigenes Verschulden stellungslos geworden. So oft ich mich bisher beworben habe, immer scheiterte es - ein Eingeständnis, das mir als Frau nicht leichtfällt - an meinem wenig guten Aussehen. Ich weiß mir nun keinen anderen Rat mehr, als Sie zu bitten, mich vor meiner nächsten Bewerbung einmal anzusehen. Vielleicht können Sie mir helfen. Sollte es möglich sein, verspreche ich Ihnen, die etwaige Behandlung zu bezahlen, sobald ich wieder eine Stellung habe ... "

Ich beantwortete den Brief noch in der Nacht und ging am nächsten Morgen zum Arbeitsamt. Der Leiterin der weiblichen Stellenvermittlung zeigte ich den Brief. "Sie kennen sich doch auf dem Arbeitsmarkt aus ... Ist das ein Einzelfall?"

"Leider nicht. Gerade die nicht mehr ganz jungen Frauen, wie Ihre Journalistin, tun sich heute sehr schwer. Wenn eine Bewerberin gut aussieht, dann fragt niemand viel nach ihren Kenntnissen, dann hat sie eine Stellung im Handumdrehen. Wenn sie aber - nun ja, gerade nicht mehr zum Anbeißen aussieht - auch nicht mehr die Jüngste ist ... " - "dann schicken Sie sie zu mir", ergänzte ich ihren Satz, "auch wenn sie, was ja gar nicht anders sein kann, kein Geld hat. Was ich tun kann, tue ich gern, um ihr bei der Arbeitssuche zu helfen. Ich weiß, was es heißt, wenn man arbeiten muß. Und ich bin auch nicht mehr die Jüngste."

Die Beamtin lächelte: "Wenn ich das Gefühl habe, daß sie es verdienen, schicke ich Ihnen die Leute gern". "Schicken Sie sie mir auch dann, wenn sie es in Ihren Augen nicht verdient haben. Der Komplex, nicht mehr gefragt zu sein, kann schon älter sein und auf die Leistung abgefärbt haben. Wenn jemand wirklich ein hoffnungsloser Fall ist, das sehe ich dann schon selber."

"Sie sind ein hoffnungsloser Fall, ein hoffnungsloser Optimist!"- "Aber Gott sei Dank bin ich das! Sonst hätte ich meinen Beruf längst an den Nagel hängen müssen. Meine reichen Patientinnen machen es mir manchmal auch schwer, ihnen zu helfen, und ich gebe auch nicht auf. Nur wenn ich sehe, daß sich jemand einfach nicht helfen lassen will, dann ... dann soll ihn der Kuckuck holen."

Ich hatte eine neue Aufgabe, einen neuen Weg, für die Kosmetik zu werben. Einen Weg, der mir viele herzliche Dankesbriefe eingebracht hat, auf die ich nicht weniger stolz bin als auf die Autogramme "meiner" Prominenten. In meinem Schwarzwaldhäusle habe ich eine Truhe, in der sich nur solche Briefe befinden. Mal ist es ein 17 Seiten langer, handgeschriebener Brief, mal eine gedruckte Verlobungskarte, mal der Ausschnitt einer Theaterkritik (" ... die zauberhaft schöne ... "), rot unterstrichen; oder ein gestochen getippter Brief mit Firmenaufdruck, absichtlich, um mir zu zeigen, daß die Schreiberin jetzt eine Stelle gefunden hat.

Manches Mal, wenn ich wieder etwas ausbrütete und "alle Welt" gegen mich war, wenn ich alles satt hatte, am liebsten "den ganzen Bettel hingeschmissen" hätte, bin ich in die Berge hinauf ins Häusle gefahren und habe mich dort vergraben. Bis ich schließlich die Truhe aufmachte und in den Briefen blätterte. Dann dauerte es nicht mehr lange, und ich konnte wieder weiter.

*Die alte Truhe mit dem Briefschatz steht jetzt im umgebauten Stall meiner Molkenkur. Sie hat mich mächtig gelockt gestern abend, und ich stand mit schlechtem Gewissen vor ihr: Noch kein Wort habe ich geschrieben vom Häusle in Hundsbach, das die Quelle für so vieles gewesen ist ... ! Bei meinen Vorträgen, die ich in all den Jahren gehalten habe, mußte ich manchmal denken: Mit dem Zählen stimmt es bei dir nicht. Statt eine ordentliche Reihenfolge einzuhalten und deine Sachgebiete in 1-2-3-4-5 zu gliedern, sprichst du, wie es gerade kommt. Dasselbe habe ich mit den Notizen zu diesem Buch angestellt, und so kommt mein Schwarzwaldnest erst spät ans Licht, obwohl es damals schon lange der Mittelpunkt meines eigentlichen Lebens war, aus dem alle Kraft und Ruhe strömten. Zufall schien, wie ich dazu kam.*

# Mein Schwarzwaldhäusle

Ich war an einem sonnigen Tag mit Anemone auf dem Motorroller die Höhen hinauf zum Kurhaus Sand gefahren, und wir berieten unschlüssig, ob die Fahrt weiter nach Hundsbach oder nach Herrenwies gehen sollte. Da warf Anemone einen Zehner in die Luft: "Der Adler gilt für Hundsbach - die Zahl ist Herrenwies!" Da lag die Münze auch schon am Boden, Adler obenauf. Mir war es recht, denn ich mochte das Hundsbachtal, wo die Kinder im Kurhaus oft Ferien verlebt hatten. Wir fuhren am Sturmeck-Haus vorbei, und ich erschrak, als ich das alte Fraule, das darin wohnte, Wäsche aufhängen sah: wollte sie den Winter wieder allein hier oben verbringen? Sie hatte ein ganzes Rudel Katzen, und der Tiere wegen manchmal nichts zu essen; die Leute in der Gegend halfen ihr aus mit Milch und Holz. Ich sprach sie an, und wir plauderten ein wenig, bis ich ihr vorschlug, ihr Häuschen doch auf Rentenbasis abzugeben, ich würde ihr jeden Monat etwas bezahlen, sie könnte darin wohnen bleiben und ihre Katzen behalten. Aber sie dankte, sie bekomme nun mehr Rente und brauche nichts weiter.

"Wenn man mal ein gutes Werk tun will, wird es nichts", brummte ich eine halbe Stunde später, als ich bei einer Freundin in Hundsbach Kaffee trank und der alten Frau Geheimrat die Geschichte erzählte. "Wieso?", meinte sie, "wollten Sie das alte Haus denn kaufen?" - "Nein, nein, so viel Geld habe ich ja gar nicht. Ich wollte ihr einfach helfen." - "Hm, warum eigentlich nicht? Hier oben hätten Sie Stille, gute Luft, Einsamkeit - all das, was Sie bei Ihrer vielen Arbeit brauchen. Sehen Sie, dort oben am Berg, das ist das Haus einer Ärztin, die jetzt in der Schweiz lebt. Sie will es schon lange verkaufen." Nein, das wußte ich bestimmt, ein Haus wollte ich wirklich nicht. Und außerdem mußte ich zurück nach Bühl, um meine angesetzte Creme zu aromatisieren. Ich weiß selbst nicht, warum ich die Frau Geheimrat allein ihren Kaffee weitertrinken ließ, warum ich statt nach Bühl auf den Berg hinaufwanderte. Ich hatte plötzlich Lust, mir das Häusle anzusehen. 20 Minuten noch durch den Wald, dann lag es vor mir in der Abendsonne. Und ich habe auf den ersten Blick gedacht: Das ist das meine. Vertraut von Anfang an - so wie es mir später mit der Molkenkur erging. Breit lag es da in der Sonne, mit alten Ställen und daneben der großen Bauernstube, Holzbalken und ein riesiger alter Kachelofen, der von der Küche aus zu heizen war - ganze Meterscheite konnte man hineintun. Ein weites Wiesengelände am Hang gehörte dazu, durch das sich ein schmaler Bach schlängelte, ein Stückchen Wald und: völlige Einsamkeit. Eine Quelle, in Sandquadern gefaßt, sprudelte vor dem Haus, sie rieselte und plätscherte und sang mich in den Schlaf. Denn natürlich kaufte ich das Haus und zog hinauf mit Hund und Katz und allen Tieren, fuhr jeden Morgen die 184 Kurven nach Baden-Baden hinunter ins Institut und jeden Abend wieder hinauf. Gratis und franko wuchsen hier oben die besten Zutaten, die ich mir für meine Präparate wünschen konnte: die Wildkräuter und Wiesenblumen, die ihre wirksame Kraft nur dann voll entwickeln, wenn sie in freier Natur gewachsen sind, fern von den vergiftenden Einflüssen der Zivilisation, auf kargem, aber gesundem Boden, den Wolken und der Sonne nahe. Kleiner waren die Pflanzen hier in 800 Meter Höhe als drunten in der Rheinebene, aber um so kräftiger. Eine Hecke von Rotdorn und Weißdorn schirmte meinen Wiesenhang zum Wald hin ab. Von dort bis ums Häusle blühte es vom Frühling bis in den Herbst, und noch im Winter kamen mir die Beeren, Wurzeln, Früchte, die Samenkapseln der Heckenrosen und die Brunnenkresse, die sogar unter den Eisrändern des Bächleins weiterwuchs, zugute. Mir und meiner Kosmetik.

"Kräuterkosmetik", das sagt sich so leicht. Aber es kommt ja nicht nur darauf an, das rechte Mischungsverhältnis zu treffen, damit sich die vielerlei verschiedenen Substanzen im Zusammenwirken ergänzen und nicht stören; man muß auch den Lebensrhythmus jeder Pflanze kennen. Denn jedes Kräutlein ist ein lebendes Wesen. Es ist von Luft und Boden abhängig, und es hat ganz bestimmte Zeiten erhöhter Wirksamkeit. Darum ist der Zeitpunkt wichtig, an dem man es pflückt. Sind im Frühjahr die Blätter an kosmetischen Wirkstoffen reicher, so sind es im Spätjahr die Wurzeln. Wollen die einen Blüten gepflückt sein, ehe sie sich entfalten, so brauchen die anderen erst einige Tage Sonnenkraft. Morgens nach dem ersten Tau ist die beste Zeit zur Ernte. Kräuter mit Gerb- und Bitterstoffen wie Salbei, Farnkraut, Hamamelis, Zinnkraut und Augentrost, auch die Eichenrinde - um nur die bekanntesten zu nennen aus der großen Schar - wirken als natürliche Adstringentien zusammenziehend, porenverkleinernd und in homöopathischer Dosierung auch beruhigend auf die Haut.

Ich lebte da oben mit Pflanzen und Tier, holte mir den ersten Sauerampfer und Löwenzahn zum Salat, die Beeren aus dem Wald, das Heu, um darauf zu schlafen, bis ich bemerkte, daß getrocknetes Farnkraut mein Rheuma besser als das Heulager kuriert. Auch den Tieren im Stall hat es gut getan. Ja, ich hatte Tiere. Nicht nur Hunde und Katzen, auch zwei Schafe. Ach, diese Schafe! Wenn ich abends vom Tal heraufkam und die letzte Kurve genommen hatte, standen sie schon auf dem Posten vor der Tür. Auf Schritt und Tritt liefen sie mir nach, wohin ich auch ging. Als ich eines Sonntagmorgens die fünf Kilometer nach Hundsbach in die Kirche gelaufen war, drang ihr ausdauerndes "Mäh-mäh" von draußen bis zu meiner Bank und ganz sicher auch bis zur Kanzel; und in der Frühe rannten sie hinter meinem kleinen VW her, bis er nicht mehr zu sehen war.

Das Häusle, Bach, Wald und Wiese gaben mir die Ruhe, die ich brauchte, und waren gleichzeitig Studienobjekt. Ich beobachtete, probierte, machte Notizen, probierte von neuem, in anderer Zusammensetzung und zu anderer Zeit; ich habe Johanniskraut, das im Juni, um Johanni herum, in höchster Blüte steht, mit fünf verschiedenen Ölen angesetzt und in die Sonne gestellt; mit Erdnußöl, Olivenöl, Sonnenblumenöl, Leinsamenöl und Avocado-Öl, um herauszubekommen, welches am besten ist. Schon in meiner Münchener Zeit hatte ich im Botanischen Institut der Universität ein altes Rezeptbuch entdeckt, in dem Paracelsus schrieb: "Ich habe auch hier Johanniskraut, das hab ich mir zu allen Wunden und Schwären erwölet."

Ja, das hab ich mir auch "erwölet". Johanniskraut war in mehreren meiner Cremes und Masken enthalten, und im Häusle oben hab ich damit die bösen Pfoten meines Hundes verbunden. Daß es tatsächlich gegen so viele Wehwehchen half, ließ mich schließlich glauben, das Johanniskrautöl müsse sogar Unmögliches möglich machen können. Auch als mein Kanarienvogel eine Lungenentzündung bekommen hatte und zuckend, nach

Luft japsend im Sand hockte, wollte ich dem armen Kerlchen mit meinem Wundermittel helfen. Mit einer Pipette träufelte ich ihm einen Tropfen Johanniskrautöl in den Schnabel und bereitete ihm damit ein rasches Ende: er tat nicht einen einzigen Japser mehr. Ich war so deprimiert, so verstört, wollte so wenig glauben, daß mein Johanniskrautöl hier versagen mußte, daß meine Töchter heute noch über mich lächeln, wenn sie die Geschichte erzählen. "Ja, Mutter", meinten die Spottvögel damals, "der Vogel hat halt nicht gewußt, daß man an das Johanniskrautöl glauben muß, wenn es helfen soll ... Darum mußte er halt dran glauben."

Ringelblumen (Calendula) habe ich mit reiner Butter angesetzt, um die schorfigen Schafseuter damit zu massieren, Quendel und Petersilie, ganz frisch, gegen Cuperose aufgelegt, gegen die erweiterten Äderchen, die man oft bei sehr dünner, trockener Haut durchschimmern sieht. Das alles lernte ich durch Erfahrung, in jahrelanger, schärfster Beobachtung. Seit die Wissenschaft sich ernsthaft mit der Kosmetik beschäftigt, sind viele dieser Erfahrungen erklärt und bestätigt worden.

Das größte Geschenk meines Schwarzwaldhäusles aber war seine Quelle, die mitten in meiner Wiese zwischen Sandsteinquadern zutage trat. Wissenschaftliche Gutachten haben ihr später höchste Reinheit bescheinigt. Weiches, lebendiges Wasser mit natürlichen Spurenelementen, das ich für alle meine Cremes und Lotionen verwendete, und das täglich frisch in Tankwagen hinunter nach Bühl gefahren wurde, wo sich das Herstellerwerk meines Geschäftspartners ständig erweiterte. Wann immer ich längere Zeit im Häusle war, nahm ich das Quellwasser auch für die Wäsche. Wenn es auch mühsam genug war, das Wasser hereinzuschleppen - ich habe mein Bett jede Woche mit frischer, sonnengetrockneter Wäsche bezogen und in der wiesenduftenden Bauernpracht wie eine Fürstin geschlafen. War die Quelle im Sommer mein Bad, holte ich im Winter den großen Holzbottich aus der Scheune. Ach, hat er mich "ausgelacht", als ich ihn nach langen Sommermonaten zum ersten Mal wieder hervorholte. Er war undicht, er hielt nicht mehr zusammen, es gab eine riesige Lache im Zimmer. Dabei hatte ich mich den ganzen Weg in den Schwarzwald hinauf schon auf den Genuß gefreut. Primitive Einfachheit - wo finden wir sie noch? Körperliche Arbeit, die uns den alltäglichen, natürlichen Dingen wieder nahebringt, ist die beste Entspannung nach der Hetze, die wir uns leider aufdiktieren lassen. Meine Holzwanne aber spielte nicht mit. Da fiel mir ein Rat aus Urgroßmutters Zeiten ein: Holzzuber und -wannen dichtet man mit Holzasche ... Nun, Holzasche, Buchenasche hatte ich mehr als genug, also, ausprobieren. Und es hielt, besser als jeder Holzkitt! Und weil ich mich dabei an ein altes russisches Rezept erinnerte, das ein solches Laugenbad als Verjüngungskur empfahl, mußte auch das ausprobiert werden. Ich weiß nicht, vielleicht war es nur Eigensuggestion. aber ich fühlte mich belebt nach diesem Aschenbad auf der Tenne. Auch prominente Besucher kamen in mein Refugium auf der Höhe - freilich nur bei gutem Wetter. Lil Dagover kam vom Kurhaus Bühler Höhe herüber, sie sah elend aus und klagte über ihren Magen.

Wir haben einen langen Wiesenspaziergang gemacht, ich gab ihr Leinsamen mit, aber auch Hermann Hesses "Siddharta" und sein Gedicht "Die Stufen", das ich ihr - wie vielen anderen - abschrieb. Nach einigen Monaten kam ein Brief: "Ihre Leinsamen und Siddharta haben mir mehr geholfen als die ganze Kur auf der Bühler Höhe!" Und Ida Wüst bedankte sich für die Bewirtung mit Quark, Waldhimbeeren und Bauernbrot durch einen Brief, der mir viel Spaß machte. Sie schrieb am Schluß: "Schon wieder eine Falte mehr im Gesicht ... Am Popo wär' so viel Platz - und niemand würde sie sehen!"

Eines Abends stand die Tochter eines Dörflers vor mir, die weiter unten im Tal wohnte und als Hilfsarbeiterin im Forst arbeitete. Sie klopfte an der Tür, grinste über das ganze Gesicht und sagte: "Könnt' ich Kosmetik habbe?" Ich holte sie herein und wußte auch bald, worum es ging: "Die Holzmacher henn im Biehlertal e Fescht ... Un do wott i schöner si wie die ondere!" - "Oh", sagte ich, "das kann ich verstehen. Irma, ich mach' Sie schön!"

Ich hab' sie mit Glanz und Gloria aufpoliert, eine Massage gemacht und heiße Kompressen, habe sie ein bißchen geschminkt, nur: geholfen hat es nicht.

Kam einmal ein Kurgast von der Bühler Höhe zum Häusle herüber, eine Dame aus dem Rheinland, die ich in früheren Sommern im Institut behandelt hatte - und ich war gar nicht fertig angezogen, trug nur Hose und Leinenkittel. Schnell zog ich das Kopftuch in die Stirn und nahm den Heurechen in die Hand ... "Wohnt hier nicht Rosel Heim?" fragte die Dame. "Ja, wohne tut sie scho hier, aber s' isch grad drunde in Bade-Bade. Was möchte Se denn?"

"Die Leute sagen, sie hätte ein Wasser, von dem man schön wird ... " - "Ja, des isch unsere Quell. Von der könne Se habe, ich geb Ihne e Fläschle mit." Jeden zweiten Tag kam sie herüber, um die Literflasche neu füllen zu lassen. Jedesmal war die Rosel Heim "grad in Bade-Bade". Beim letzten Mal sagte sie, es sei wirklich ein Wunder, so schön sei sie davon geworden. Sicherlich, denn dieser Spaziergang in guter Luft ist jedem anzumerken. Von der Bühler Höhe fuhr sie bis Hundsbach, mußte dann aber fast eine Stunde aufwärts steigen bis zu mir, weil hier kein Auto durchkommen konnte. Zum Glück. Denn so konnte das "Häusle" und alles, was dazugehörte, der Wald, das Dickicht, der Wiesengrund und die Bergmatte mit den kreisenden Bussardpärchen darüber ein Stück unberührte Natur bleiben, die Ur-Heimat und der innere Kraftquell meines Schaffens. Auch später, als ich nur noch zu kurzen Besuchen hinauffahren konnte.

Nach meiner Rückkehr aus Paris war an eine solche "schöpferische Pause" allerdings nicht zu denken. Die wiederholte Reise trug ihre Früchte. Man wußte jetzt, daß man ohne Bedenken seine Fühler auch ins Ausland ausstrecken durfte, der Vorsprung der anderen war aufgeholt. Ein "Comité International" war inzwischen entstanden, eine Dachorganisation, die alle kosmetischen Fachverbände Europas in sich vereinigte. Zum Internationalen Fachverband-Kongreß Ostern 1952 in Mailand wurde ich als einzige deutsche Kosmetikerin eingeladen.

Bambini bildeten am Hauseingang Spalier, und der Taxichauffeur bettete mich in seine Limousine, als wäre es eine Gala-Kutsche. Kein Wunder, daß ich in königlicher Stimmung zum Festbankett fuhr. Es fand im sonnigen Süden statt, in einer Osternacht, es konnte kein Empfang im Stil des Nordens sein, mit hölzernen Reden und steifen Toasts. Die Hemdbrüste wurden weich und die Herzen darunter auch. Ich saß neben Monsieur Dumont, dem Generalsekretär des Comité International. Er war Kavalier und ich seine Tischdame - von Kosmetik fiel kein Wort. Bis zum Kongreß am nächsten Tag, einem Kongreß inmitten eines Jahrmarkts. Denn wir tagten mitten auf dem Messegelände, während der Mailänder Messe, die man nicht mit einer deutschen Messe vergleichen darf. Da brüllen die Großlautsprecher, da mischen sich die Stimmen der Propagandisten mit dem Lärmgewoge tausender Passanten. Eine Menge, die froh ist, Teil einer Menge zu sein, unteilbar fast, denn auf den einzelnen kommt es nicht mehr an: Man ist eines Volks - eines südländischen Volks! Vor solcher Verbrüderung auf offenem Platz konnte man im Kongreßsaal nicht die sonst übliche Reserve bewahren. Man sprach sich aus, man legte seine Karten auf den Tisch und hielt auch mit den Trümpfen nicht zurück. In den Pausen ließ man im Foyer seiner Meinung freien Lauf, diskutierte und gestikulierte, schnitt dem andern das Wort ab, forderte den Kontrahenten mit offenem Visier zum Duell: Man traf sich hinterher in einem Kosmetiksalon, behandelte den Zweifler, bewies ihm in der Praxis die heiß verfochtene Theorie. Ich hatte es schwer in diesem südlichen Getümmel, dessen Sprache ich nicht verstand. So schloß ich mich den wenigen Deutschsprechenden an, an Maria Schweizer, die Züricher Freundin, an Dr. Friedrich, einem Dermatologen aus Tübingen, an die Wienerin Nelly Andrazzy, die Präsidentin des österreichischen Fachverbandes. Aus dem persönlichen Gespräch wurde bald fachliche

Anerkennung, aus gegenseitiger Achtung schließlich der Erfolg des Kongresses: Der deutsche Fachverband wurde in das Comité International aufgenommen. Der private Erfolg meiner Teilnahme war noch wesentlicher. Ich hatte in Dr. Friedrich einen Hautspezialisten kennengelernt, an den ich mich von nun an immer wenden konnte, wenn ich in kosmetischen Fragen einen dermatologischen Sachverständigen brauchte, und zwischen Nelly Andrazzy und mir sind Verbindung und Erfahrungsaustausch bis heute nicht abgerissen. Die Repräsentanten der europäischen Kosmetik, die zuvor kaum voneinander wußten, standen sich beim Abschied als Freunde, als Bundesgenossen gegenüber. Das heißt: Ich hatte die Absicht, Abschied zu nehmen. Aber meine Gastgeberin wollte mich nicht fortlassen. Und als Frau wußte sie genau, was eine Frau zum Bleiben bewegen kann: sie verleitete mich zu einem Bummel durch die Mailänder Geschäftsstraßen. Ich wühlte in Regalen, kämmte Kleiderständer durch, kaufte mir ein paar bezaubernde Fähnchen, ein Paar leichte italienische Schuhe, die weich wie Handschuhe waren, kaufte Wäsche und - blieb. Ich machte Ferien; holte mir im Reisebüro ein Rundreise-Billett, mit dem man aussteigen kann, wo immer man will, um am nächsten oder übernächsten Tag weiterzufahren. Zuerst fuhr ich nach Pisa, aß vor dem Schiefen Turm Zuckermelonen und spucke die Kerne auf den Boden wie eine echte Italienerin; ich blieb lange in den Uffizien in Florenz, schaute von der Arno-Brücke in den Fluß, stand begeistert vor Bolognas sienagelben Mauern und vor den Fischweibern im Hafen von Genua, fütterte Tauben auf dem Markusplatz von Venedig und schwebte - jawohl, bei Mondenschein - in der Gondel durch den Canale Grande. Schimpfte mich sentimental, weil ich einen Augenblick lang dachte, daß man in diesen kitschigen Lederpolstern tatsächlich zu zweit sein müßte. Und schrieb sogar die berüchtigten Buntpostkarten nach Hause. Text: "Ihr werdet es nicht glauben, aber ich fühle mich wundervoll! Gerade das, diesen Kitsch, diesen Nepp, diesen Krach, dieses herrlich lebendige Italien habe ich mal höchst nötig gehabt. Ich könnte Bäume ausreißen!"
Ich bewies es auch, als ich wieder zu Hause war, im Labor, bei den Töchtern im Institut. Ich betreute alle meine Kundinnen wieder eine Zeitlang selbst, froh über diesen menschlichen

Kontakt. Ich machte Versuche mit einer noch leichteren, fast milchigen Creme, um tagsüber noch mehr Feuchtigkeit in die Haut zu bringen, denn wie wichtig ihr Feuchtigkeitsgehalt ist, hatte mir der sonnenstrapazierte Teint der Italienerinnen eindringlich bestätigt. Und ich war abendfüllend beschäftigt mit jenen Dingen, die nach einer spöttischen Bemerkung meiner Töchter die "verhinderte Lehrerin" in mir wecken: Eine neue Sendereihe im Südwestfunk, Vorträge, Lehrschauen, Fachreferate im Baden-Badener "Haus der Schönheit". Es ist mir immer eine Freude gewesen - wenn auch immer auch Anstrengung - Menschen mit allem Einsatz von Kosmetik, von sich selbst und ihren schlummernden Möglichkeiten zu überzeugen. Das wirkte hinüber und auf mich zurück. Das gab mir im direkten, menschlichen Kontakt immer wieder Anregungen und half mir, noch klarer, noch einfacher, verständlicher zu werden.

Auch bei den Informationsbriefen, die ich damals zu schreiben begann, um die immer größer werdende Schar von Depositären über die neuen Entwicklungen auf dem laufenden zu halten, stellte ich mir ein lebendiges Gegenüber vor, mit dem ich ins Gespräch kommen wollte. Obgleich in Tausender-Auflagen gedruckt, waren es wirkliche Briefe, Briefe an eine gute Freundin, der ich schreibe, wie ich ihr etwas erzählen würde. Fakten zwar, Erfahrungen und Wissen, aber mit einer Anekdote gewürzt, an einem Beispiel verdeutlicht, so daß dem Empfänger bis zum Ende der Lektüre gar nicht bewußt wird, daß er "nebenbei" ein kleines Referat verdaut.

Erst wurden diese Informationsbriefe in unregelmäßiger Folge geschrieben, dann kamen sie jeden Monat heraus, von einer Zeichnerin hübsch illustriert. Hinzu kam die nie abreißende Flut persönlicher Briefe in alle Welt. Die lange Abgeschlossenheit im Krieg, aber auch die stürmische Entwicklung in Wissenschaft und Technik hatte die Kosmetikerinnen informationshungrig gemacht. Man suchte den Austausch von Ideen und Erfahrungen. So ergab sich ein begeistertes Echo, als Heinz Walterscheidt, der Repräsentant von Nemectron, namhafte Kosmetikerinnen aus zehn Ländern zum fachlichen Gedankenaustausch nach Lindau einlud. Als Ergebnis dieser Zusammenkunft schloß sich der "Lindauer Kreis", heute: "Internationaler Arbeitskreis" zusammen, um menschliche

101

Beziehungen zu pflegen und das kosmetische Fachgebiet immer wieder im größeren Zusammenhang zu sehen. Charlotte Daniger aus Berlin, Asta Poppelsdorf aus Frankfurt, Maria Biancini aus Rom gehörten damals dazu; liebe Freundinnen von mir, die nicht mehr leben. Maria Schweizer aus Wien, Marja Entrich aus Stockholm, Marlen Steinlin, Helen Piettulla, Gudrun Dietz-Böhm, Gertraud
Gruber, die am Tegernsee in mühevoller Arbeit und großem Idealismus eine Schönheitsfarm aufgebaut hatte, Lida Klap-Welling, Holland, Gerda Schild aus Kapstadt, Theresa Mora aus Barcelona, vor allem Dr. Hedy Gillesberger, Wiener Ärztin und Kosmetikerin, deren Vorträge uns sehr viel gegeben hatten.

Jedes Mitglied bringt bei den jährlichen Treffen - jedesmal in einem anderen Land - etwas Besonderes mit, das uns weiter-führt, das uns die Kosmetik einbetten hilft in die Probleme des heutigen Menschen, in seine Grundsituation zwischen Kosmos und Technik. Es ist ein Zusammenschluß ohne Statuten, ohne Präsidentin, ohne Beiträge. Ein Geben und Nehmen in freund-schaftlicher Atmosphäre. Unser Motto ist bis heute geblieben: "Toleranz und gegenseitige Hilfe - Demut vor dem Werk." Damals, 1954 in Lindau, zündete der Funke sofort. Man blieb vier Tage, dann fuhr die Gruppe geschlossen nach Lausanne zum Internationalen Kosmetikkongreß.

In meiner Tasche knisterten bereits das Schiffs-Billett nach New York und der Flugschein nach Los Angeles. Das Ehepaar Curt Goetz und Valerie von Martens, die schon seit Jahren in Hollywood lebten, hatten mich nach Beverly Hills eingeladen.

# Die USA

Amerika - die alte Sehnsucht! Diesmal wurde sie zur ernsten Versuchung, zum großen Abenteuer. Daß ich in diesen Wochen mehr durchmachen sollte als in ebenso vielen Jahren meines bisherigen Lebens, ahnte ich nicht, als ich mich an Bord der "United States" verwöhnen ließ, dem schnellsten Oceanliner seiner Zeit.

Mein Liegestuhlnachbar auf dem Sonnendach sprach ebenso gut Deutsch wie Englisch. "Wohin?", fragte er. "Erst New York. Dann Hollywood, Beverly Hills", meine Antwort. Knapper, selbstsicherer ging es wirklich nicht. "Flugzeug?" - "Natürlich." "Schon gebucht?" "Den Flugschein habe ich, ja." Der Herr mit dem Börsenteil des "New York Herald" in der Hand lachte; erklärte mir, daß mit dem Flugschein gar nichts erreicht sei, daß man buchen müsse, um einen Platz im Pazifik-Flugzeug zu erobern, sonst könne man tagelang auf Beförderung warten. Ich erschrak so sehr, daß der freundliche Herr wieder lachen mußte, ein breites, fröhliches Amerikanerlachen. "Keine Sorge. Kann ich für Sie per Funk arrangieren."

Er sagte das nicht nur, er tat es auch. Und am letzten Tag, kurz vor der Ankunft, gab er mir seine Karte: "Für alle Fälle. Wenn Sie trouble haben, rufen Sie einfach an. Werde dann sehen, was ich für Sie tun kann." Ich las: Mr. Oetinger, und steckte die Karte in die Tasche, fest überzeugt, daß ich sie niemals brauchen würde.

Noch einmal Herzklopfen am Pier. Großer Bahnhof für Haile Selassie, der mit uns gefahren war. Bildreporter, Kameraleute, viel, viel Volk. Und endlich ein bekanntes Gesicht in der Menge: die Frau des deutschen Generalkonsuls in New York, Dr. Risser, die mich ins Hotel brachte. Ein Hotel für "Ladies only". Im Foyer, im Speisesaal, in der Bar nur Damen, und alle sahen aus, als ob sie gerade vom Friseur kämen. Ein makelloses Make-up. Zu makellos, um noch natürlich zu wirken. Noch im Traum verfolgten mich diese Gesichter. Zehnfach, hundertfach, wie ein Gesicht zwischen vielen Spiegeln. Als ich in Schweiß gebadet aufwachte, war es kurz nach sechs. Ich duschte kalt,

zog mich an und ging in den Frühstücksraum. Eine Dame begegnete mir im Flur, über dem lässigen Morgenrock ein Gesicht, wie eben vom Kosmetiker zurechtgemacht. Im Frühstückszimmer war es nicht anders. Lauter Gesichter wie aus Magazinen. Und das morgens um sieben, wenn man in Deutschland noch morgenleeren Larven, in Frankreich Lockenwicklerpagoden begegnen kann - das zwingt Hochachtung ab. Um halb neun holte mich der Dienst-Wagen zum Shopping. Er rollte leise und langsam durch die Straßen, hielt an jeder Ecke, gab den Blick in andere Wagen und auf die Passantinnen frei. Sie waren alle wie aus dem Ei gepellt. Man trugt gerade Grün oder Tomato, hatte eine Taille und Fülle darüber. Und wer sie nicht hat, hilft nach, mit Mieder und Schaumgummi. Man war so schön, wie es die Produzenten von der Konsumentin verlangten, ganz egal, ob sie den Lift bedient, die Registrierkasse, die Schreibmaschine oder das Serviertablett. Man teiltte sein Gehalt in vier gleichgroße Teile: Wohnung, Essen, Kleidung, Schönheitspflege. Und wenn man von der Natur stiefmütterlich behandelt worden ist, dann muß man für die Schönheit eben woanders etwas abzweigen. Denn man muß attraktiv sein, ob weiß, braun, gelb oder schwarz. Die großen Salons in der Fifth Avenue - Hudnut, Gouband, Arden und Rubinstein - behandelten nur Weiße. Ihre Salons waren Märchenschlösser an Eleganz und Komfort. Hudnut und Gouband nur für die "upper ten". Arden und Rubinstein auch für den Durchschnittsamerikaner. Ihre Erzeugnisse waren auch in den kleinsten Drogerien, ja sogar in 5- und 10-cent-stores, zu haben, bei Woolworth, Kresse und Newberry. In New York ist Schönheit Pflicht.
New York bei Tag: ein Hexenkessel von Betriebsamkeit, von Hitze und Hast, ein Termitenbau von gigantischen Ausmaßen. New York bei Nacht - dasselbe. Nur noch hektischer, fiebriger, drückender. Wann schläft diese Stadt? Sie ist ungesund, das Klima ist bestialisch. Die Wolkenkratzer sind Höhlen, die Straßen Schluchten und die Menschen potenzierte Berliner - ohne Berliner Humor.
Ich freute mich auf den Flug quer über den Kontinent, auf die Sommerfrische in Beverly Hills, auf das Paradies der Filmleute. In zehn Flugstunden rollte unter mir ein Kulturfilm ab, so über-

wältigend, daß nur die stärksten Eindrücke haftenblieben: der Waldteppich der Appalachen, ein Schwarzwald in Großformat, der Erie-, der Michigansee, kleine Meere nach deutschen Begriffen, Detroit, Chicago, und danach, nach kurzem Halt, folgten auf die Steinmeere der Städte das grüne Meer der Prärie, das rosarote Meer der Wüste. Der Clipper stieg über Schneeberge und senkte sich erst wieder, als der Pazifik heraufglänzte, die Küste, Palmen, Kakteen, weiße Dörfer, weiße Kolonien, eine weiße Riesenstadt mit Superstraßen: Los Angeles.

Ein Flugbahnhof mit ebenso vielen Rollfeldern, wie ein europäischer Bahnhof Bahnsteige hat. Dieser Gedanke brachte mich in die Wirklichkeit zurück: "Wie sollen meine Freunde mich hier finden? Wie gerade meine Maschine ausmachen, wenn - wie ich sehe - bei meiner Landung vier weitere Maschinen ausrollen? In europäischer Einfalt hatte ich nur telegrafiert:

## "ankomme gegen fünf"

Gegen fünf kamen bestimmt 50 Maschinen an!" Die Kabinentür öffnete sich, die Fluggäste stiegen aus, ich als letzte, zaghaft, verwirrt. Da: Unten am Fuß der Treppe winkte eine Frau: Valerie von Martens. "Die 13. Maschine! Ich hab's ja gewußt, wir schaffen's. Mit vereinten Kräften, Curtchen und ich." Ich verstand zunächst gar nichts, war nur froh, die Freundin gefunden zu haben. "Das ist jetzt die 13. Maschine, die ich durchgekämmt habe. Curtchen drüben, auf dem anderen Rollfeld, muß auch schon völlig entnervt sein. Kommen Sie, wir wollen ihn erlösen." Wie eine Jagdtrophäe zerrte mich Valerie von Martens über das Rollfeld. "Da haben wir unsere Rosel!" Curt Goetz atmete auf. "Gott sei Dank. Ich war schon sicher, daß ich heute abend noch ein Detektivbüro brauche: gesucht wird eine Dame, die versprach, gegen fünf Uhr im Flughafen von Los Angeles zu sein. Besondere Kennzeichen: kommt aus dem Schwarzwald und sieht prächtig aus." Geschickt verwandelte er die kleine Rüge in ein artiges Kompliment und führte mich zur Sperre vor einen chromblitzenden Buick.

Sunset-Boulevard in der Abendsonne. Zweimal drei Kolonnen von Straßenkreuzern, daneben ein bunter Budenzauber aus Stahl, Beton, Glas, Geschäftshäusern, Bars, Kinos, Restau-

rants, immer wieder unterbrochen von Parks und Palmen-
hainen. Allmählich trat der Budenzauber immer mehr zurück,
eine Flora aus Tausendundeiner Nacht drängte sich vor, Bauten
wurden zu Bungalows, zogen sich immer tiefer in die Gärten
zurück.

Die Beverly Hills tauchten auf. Der Wagen schwebte in eine
Einfahrt hinein, die sich automatisch öffnete. Er hielt mitten in
einem Paradiesgarten, auf dem Vorplatz eines Hauses, das ein
kleiner Palast war, der nirgendwo anders hätte stehen könnte
als in Beverly Hills. Alle Annehmlichkeiten der Welt waren in
ihm vereinigt. Ich fühlte mich wie Aschenputtel, das zum ersten
Mal in den Palast des Prinzen geführt wird. Ich konnte noch
nichts erfassen, nicht die Schönheit der Formen und Farben,
noch weniger die zauberhafte Zweckmäßigkeit, die sich dahinter verborg. Mein Zimmer war kirschrot und gelb, auch das Bad,
die Kacheln, die Handtücher, das Abschminkpapier und - ja,
sogar das andere auch.

Noch hatte ich nicht ganz erfaßt, daß dies nicht Wunderland war, in dem alles von selbst oder wie von Zauberhand geschieht, sondern raffiniert angewandte Technik, da rief das Haustelefon zum Abendessen im Innenhof. Ein ungemein leichtes, frucht- und saftreiches Menü, Gang für Gang aus einem kleinen Fenster hereingereicht, von einem Tischchen herausgefahren. Ich berichtete von der Überfahrt, erzählte von Mr. Oetinger und erfuhr von Curt Goetz, daß dieser freundliche Herr durchaus nicht einmalig sei. Ein feines, recht deutsches Lächeln: "Das ist eben der Unterschied. Wenn ein Deutscher es zu etwas gebracht hat, hält er sich alle leutemäßigen Leute vom Leib. Der Amerikaner macht es umgekehrt: er freut sich, wenn er den Leuten helfen kann, wenn er sie spüren lassen darf, wie groß sein Einfluß ist." - "Er renommiert also gern?" - "Er renommiert und untertreibt dabei. Das klingt paradox, aber es ist so. Er ist wie ein Kind, das an seinem Spielzeug erst dann rechte Freude hat, wenn es andere Kinder damit spielen läßt." - "Das ist aber doch ein sehr schöner Wesenszug." - "Freilich. Besonders, wenn man sich vor Augen hält, wie schwer das Emporkommen in Amerika ist. Jeder Einfluß, jede Macht ist mühsam erworben. Geschenkt wird einem hier nichts."

Wie wahr das war, erfuhr ich nach dem Dessert. Der Hausherr erhob sich. "Sie sind mir nicht böse. Ich habe noch eine Kleinigkeit zu tun." Valerie erklärte diese "Kleinigkeit" näher: Ein neues Bühnenstück, wieder ein Lustspiel. "Wenn er sagt, er habe noch eine Kleinigkeit zu tun, dann ist das auch schon typisch amerikanisch untertrieben. Bis der Dialog nämlich so geschliffen ist, daß er funkelt, muß er schon eine gute Weile daran feilen. Selbst einem so anerkannten Autor wie Curt Goetz wird in Amerika nichts geschenkt. Beverly Hills ist kein Schlaraffenland. Es ist ein Garten Eden nur für den, der sich durch Leistung eine Platzkarte erobert hat. Ein durchaus rea- les, sehr irdisches Paradies."

Bald hatte ich mich eingelebt. Ich durchschaute das Haus mit seinen tausend Mechanismen, kannte den Park mit seinen Orangen-, Zitronen- und Pfefferbäumen, seinen Kolibris und Bluebirds, die einem zutraulich zuflogen. Ich konnte tun und lassen, was ich wollte. Das Ehepaar Goetz lebte selbst wie Adam und Eva im Paradies: Jeder tat das, wozu er gerade Lust hatte. Aber dieses Märchenglück machte mich unglücklich. Eines Nachmittags gestand ich, daß ich nicht nur zu Besuch kam, um Ferien zu machen: "Was ich eigentlich möchte, ist - nun, Ihr lebt in Hollywood, seid beim Film ... Ich bin eine gute Kosmetikerin. Nicht so berühmt wie eure ganz großen, aber ich kann was. Und das möchte ich zeigen."

Curt Goetz verstand mich sofort und bremste: "An die Leute vom Film ist schwer heranzukommen, an die Stars überhaupt nicht. Oder höchstens zufällig, privat. Auf Parties." Für Valerie war dies das Stichwort, sogleich eine Party zu planen. Doch Curt stellte klar: "Filmstars sind so aufgeschlossen wie ein Tresor der Bank von England. Und der Schlüssel liegt zutiefst in der Tasche ihrer Manager." Seine Frau ließ dennoch nicht locker. "Könnten wir Heimchen nicht bei Dr. Hertz einführen, dem Generalkonsul von LosAngeles?" - "Vielleicht, das ließe sich arrangieren. Aber auch nicht von heute auf morgen. Wenn die Leute merken, daß wir für unseren Gast Reklame machen wollen, werden sie kühl wie Fridges oder teuer wie Fernsehspots. Auch Werbung aus zweiter Hand fängt erst bei vierstelligen Zahlen an." So mußte ich mich gedulden - im goldenen Käfig. Auf einem Spaziergang - zu Fuß den Camden Drive hinunter, obwohl hier niemand zu Fuß ging - lief mir ein schwarzer Pudel über den Weg. Ein Pudel wie Betty, mein Lieblingshund. Ohne Leine, ohne Begleiter, ein Ausreißer wie ich. Er lies sich das Fell kraulen, spielte mit mir und begleitete mich ein Stück. Als ich hörte, daß mein neuer vierbeiniger Freund Fritzi Massary gehörte, der Stummfilm-Diva, die die Berliner vergötterten und die hier ganz in der Nähe wohnte, mußte ich ihr schreiben; ich erzählte von meiner Betty, der großen Stummfilmzeit ,und bat darum, Fritzi Massary besuchen zu dürfen ...

"Heimchen, eben hat Virginia Wolff angerufen, weißt du, die Schriftstellerin ... Ich habe zugesagt, sie morgen abend zu besuchen. Du wirst eine Menge wichtiger Leute kennenlernen.", informierte mich Valerie.

Es war eine Party im großen Stil. Großes Abendkleid, großer Schmuck, große Tafel mit Kerzen, alles groß und sehr steif. Ich wagte kaum zu atmen, als Valerie das Gespräch auf mich lenkte und - maßlos übertrieb, von "meiner" kosmetischen Fabrik in Deutschland sprach, von den Salons in Berlin, Stuttgart,

Baden-Baden. Aus Verlegenheit nahm ich mir ein Glas Wein, staunte, schaute nach dem Etikett, und tatsächlich das war ein Spitzenwein von der Badischen Weinstraße - ein Gruß von weit her. Er machte mir Mut, mit der Gastgeberin zu reden. Sie sprach, deutsch mit fränkischem Akzent. Virginia Wolff, berühmt-berüchtigte Autorin von "Weißes Abendkleid", ist in Heilbronn geboren. Nun wagte ich es, auch die anderen Gäste zu mustern, Susanne Pathé, Tochter des ersten Filmproduzenten der Welt, Dr. Obermayer, Präsident des Dermatologenverbandes ... er könnte interesant sein ... Aber unter Kosmetik verstand der "nichts anderes als Tünche, Make-up und Pinselei!"

Ich sank wieder klein in mich zusammen, begriff, daß diese Leute Koryphäen sind, zu denen ich nur aufblicken darf, daß man nur gnädig zur Kenntnis nahm: ich machte "irgendwo dort drüben" Kosmetik - und daß alles "drüben" rein gar nichts bedeutete in den USA, in California, in Hollywood.

Einige Tage später hatte das Ehepaar Goetz bei Generalkonsul Dr. Hertz eine Party für mich arrangiert. Ebenso festlich, ebenso elegant - aber diesmal machte ich alles anders. Ich habe erkannt, warum die Freundin bei Virginia Wolff so schamlos übertrieben hatte. Bescheidenheit galt nichts in diesem Land. So stand ich Rede und Antwort, hielt einen einstündigen Vortrag, sprach von meiner Kosmetik, die Schönheitspflege ist, nicht Fassadenmalerei. Man stellte Fragen, ich sprach offen von der Zusammensetzung meiner Präparate, nannte die Kräuter, erläuterte ihre Wirkung. Und spürte - das kommt an. Man riet mir, meine Präparate hierher zu importieren. Nun ließ ich nicht mehr locker. "Sie brauchen dazu ein Certificate", sagte der Attaché, "ein Gutachten über Ihre Erzeugnisse ... ein amerikanisches Gutachten." - "Was kostet das?" fragte ich und dachte bei mir: "du hast vom american way of life doch schon einiges gelernt." Dennoch war die Antwort unerwartet und niederschmetternd: zwischen 2000 und 3000 Dollar! "Es muß doch auch einen anderen Weg geben. Ich habe etwas ganz Neues dabei: eine regenerierende Gesichtsmaske, das Ideale für Filmstars." Jetzt schaltete sich auch der Generalkonsul in das Gespräch ein. Väterlich nahm er mich beiseite: "Gnädige Frau, jedermann in den USA produziert etwas "ganz Neues, das für Filmstars ideal ist". Die Filmleute aber halten grundsätzlich nur für ideal, was aus der Firma mit dem größten Werbefonds kommt." - "Aber daß meine Gesichtsmaske etwas wirklich Einmaliges ist, kann ich beweisen. Indem ich sie vorführe. Vor den Filmleuten." - "Wie Sie das fertigbringen wollen, ist mir ein Rätsel. Selbst bei so illustren Freunden wie Valerie von Martens und Curt Goetz!"

Valerie hatte die letzten Worte gehört und auf der Heimfahrt schmiedete sie schon Pläne: als Ort der Demonstration hatte sie das Studio of Correction von Franziska Maaß ins Auge gefaßt, die Festrede würde sie selbst übernehmen. Fehlten nur noch die prominenten Gäste ... Allmählich wurde mir klar, was man haben mußte, um in Hollywood ins Geschäft zu kommen: Ellbogen (die ich hatte), einige tausend Dollars (die ich nicht hatte), einen Wagen und mindestens 3 Monate Zeit. In den zwei Wochen, die mir noch blieben, war nichts aufzubauen. Ich mußte mich damit begnügen, eine Probe meiner Kunst zu geben und das für den Import unerläßliche Certificate zu bekommen. Das war schon schwer genug. Hätte ich 3000 Dollar zur Hand gehabt, hätte ich den offiziellen Weg beschreiten können: ein staatlich anerkanntes Labor, eine offizielle Analyse der Präparate, eine Beglaubigung - fertig. Aber ich hatte keine 3000 Dollar. Ich musste es anders versuchen. Sollte der freundliche Herr vom Schiff ... ? Ich kramte die Visitenkarte aus der Tasche, rief Mr. Oetinger in New York an, beichtete meinen "trouble" und hörte ein lachendes "O. K." auf der anderen Seite der Leitung.

Seine Tochter, Trägerin der Goldmedaille der Columbia Universität, arbeitete an der New Yorker Hautklinik; sie konnte im Labor meine Präparate begutachten! Ich schickte sie ihr per Expreß, Rezepturen dazu, und überließ alles andere Mr. Oetinger. So konnte ich mich auf Punkt zwei meines Programms konzentrieren, die Demonstration der Goldenen Maske in Hollywood. Schon die Zeit dafür festzulegen, war ein Problem. Denn die Demonstration hätte nur dann einen Sinn gehabt, wenn Stars, Fotografen und Pressevertreter gleichzeitig dabei gewesen wären. Fotografen und Reporter kommen aber nur, wenn man ihnen garantieren kann, daß Stars erscheinen. Stars wiederum erscheinen nur dann, wenn sie sicher sind, daß die Sache auch in die Zeitung kommt. Stars, Fotografen und

Reporter aber sind das Unzuverlässigste, was es im unzuverlässigen Hollywood gibt.

Eine ganze Woche war damit angefüllt, Einladungen zu verschicken, Anrufe zu machen, Arrangements zu treffen, die immer wieder umgestoßen werden mussten, weil dieser oder jener an dem Tag nicht konnte, an dem alle anderen können. Dreimal mußte der Termin schon verschoben werden, weil freundlichen Zusagen ebenso freundliche Absagen folgten: sorry, leider keine Zeit.

Ich war verzweifelt. Setzte zwischen zusichernden und absagenden Anrufen den Vortrag auf. Ging am Sonntag in die Kirche und bat Judas Thaddäus, mir zu helfen, war aber nicht ganz sicher, ob mein alter deutscher Schutzpatron auch in "God's own country" kompetent ist. Ich fürchtete, der Löwe von Metro-Goldwyn-Mayer könnte lauter brüllen.

Montag. Die letzte Woche! Die Demonstration wird am Mittwoch steigen, definitiv. Ein letzter Generalangriff auf Stars und Reporter. Stars sagten zu, "wenn nichts dazwischenkommt". Aber die Reporter hatten Lunte gerochen. Die Goldene Maske könnte schließlich ein Geschäft werden, und was nach Geschäft riecht, das ließ man sich bezahlen. Einige Reporter wollten "Bedenkzeit", einige sprangen ab. Ein Lichtblick: Fritzi Massary bat zum Tee. Zwei Stunden in leisem Gespräch ... Ich übergab ihr ein Sortiment meiner Präparate (zwei Monate später sollte mich in Baden-Baden ein Telegramm erreichen: "Fritzi Massary bittet um ein neues Sortiment". Sie mochte ihre Rosel Heim-Cremes nicht mehr entbehren). Vom Tee zurück gab es eine neue Überraschung: Bud Westmore, Chef -Maskenbildner der Universal International Studios und Make-up-König von Hollywood, hatte Zeit für das lang erbetene Interview. Am Mittwoch, 13 Uhr. 90 Minuten vor der Demonstration - im Filmstudio, 30 Kilometer vom Studio of Correction entfernt. Das konnte ja heiter werden! Und einige Reporter hatten verbindlich zugesagt. Auch Fotografen würden vorhanden sein, die Goldene Maske, das Modell, Valerie von Martens und ich. Der Vortrag war übersetzt, alles arrangiert. - Aber für wen? Jedesmal, wenn das Telefon schrillte, zuckte ich zusammen. Hörte die bedauernden Worte der Freundin am Apparat und wußte: Wieder hat ein Star abgesagt.

Valerie war rührend. Konterte jede Absage mit einem neuen Anruf, mit einem neuen Versuch, wenigstens ein Starlet für morgen anzuheuern. Dankbar lächlete ich ihr zu. Und verfluchte im Innern den Wahnsinn, von Europa herüberzukommen zu sein und mir einzubilden, man hätte nur auf mich gewartet.

Ich rechnete fest mit dem Schlimmsten. Mit einem völlig leeren Saal, mit Reportern, die ihre Kameras wieder einpacken und schimpfend das Lokal verlassen. Womit ich wirklich nicht rechnen konnte, war ein Anruf Evelyn Holds, frühere Filmdiva, jetzige Gattin eines Fruchtsaftfabrikanten, die das Ehepaar Goetz nebst deutschem Gast zum Lunch einlud, mit vorheriger Besichtigung der Fabrik. Morgen! Ich memorierte die einzelnen Termine, erkundigte mich nach den Entfernungen und - wurde zum Telefon gerufen: Meine Behandlung bei einem wissenschaftlichen Dermatologen konnte nur morgen, Mittwoch, 8.30 Uhr, stattfinden. Recht so - soll nur alles zusammenkommen. Sollen sie mir doch den Denkzettel verpassen, den ich verdient hatte. Denn es würde eine Katastrophe werden. Das einzige, was ich mir noch wünschte, war ein anständiger Nervenzusammenbruch. Valerie war nicht so skeptisch. Sie lebte lange genug in Amerika, um zu wissen, daß sich solche Großkampftage meistern ließen, wenn man geschickt disponiert.

Sie notierte:

8.30   Behandlung beim Dermatologen
10.00   Besuch bei Evelyn Hold, Besichtigung der
        Fruchtsaftfabrik, Kleiner Lunch
13.00   Interview mit Bud Westmore, Universal International
        Studio
14.30   Demonstration der Goldenen Maske

Als Valerie so weit gekommen war, trat Curt ins Zimmer, ahnungslos und fröhlich. "Morgen abend steigt eine Party bei Dr. Lenz, hochoffizieller Diplomaten-Empfang. Gesandte aus aller Herren Ländern. Da kann Heimchen Furore machen." Sprachlos, erledigt sank ich auf einen Stuhl. Valerie tat das Gescheiteste, was man in einem solchen Fall tun kann: Sie steckte mich ins Bett. Der große Tag fing gut an.

Tautreten, Duschen unterm Rasensprenger. Ohne Frühstück

113

ließ ich mich zum Dermatologen fahren und gewann im ruhigen Gespräch - von Expertin zu Experten - meine Selbstsicherheit zurück. Wenn nur die weiten Entfernungen nicht wären! Dieses In-der-Kolonne-fahren auf den endlosen Boulevards kostete Zeit und Nerven. Um 10.15 Uhr war das Haus Hold erreicht, die Ex-Diva führte uns in die Fabrik. Zitronen- und Orangenverarbeitung auf dem Fließband, Pyramiden von Obst, Bottiche, Kochtöpfe, Bäche von Saft, der durch Duschen in Bataillone von Büchsen floß, alles blitzblank und keimfrei. Und doch ein Duft in den Hallen, als wollten die Früchte sich wehren, und alle hier Beschäftigten ersticken. Beim einstündigen Rundgang dachte ich an den herzhaften Biß in einen Apfel, an eine Kirsche, die unter den Zähnen aufplatzt, an meine Walderdbeeren, winzig, unterm Laub entdeckt, mit der Hand gepflückt, kaum ein Tropfen Saft, aber tausendmal besser als fünf Dosen Orangensaft aus diesem Schlachthof der Früchte ...

Das Interview mit Bud Westmore wurde ein gutes Gespräch, das nicht beim Film-Make-up und seinem Unterschied zum normalen Make-up stehenblieb, sondern zur allgemeinen Schönheitspflege übersprang, zu meiner Gesundheitskosmetik. Bud Westmore hörte zu und hörte auch aus meinem schlechten Englisch das Wesentliche heraus: natürliche, biologische Schönheitspflege, Selbsthilfe der Haut.

Als ich fünf Minuten vor halb drei das Vorzimmer im Studio of Correction betrat, erwarteten mich die Getreuen mit guter Nachricht. Pressefotografen und Reporter waren da, sogar Publikum, Starlets mit Namen, ein Fernsehstar und die Frau eines Filmproduzenten - mehr, als ich erwarten durfte. Ich ging mit Valerie auf die Bühne und musterte den Saal, während sie sprach. Skepsis lag auf den Gesichtern, eisig wehte es mich an. Höflicher Beifall, als der Vortrag zu Ende war. Ich trat an den Tisch, nahm die Maske und zeigte sie, während Virginia Wolff im Behandlungsstuhl Platz nahm, und tat dann, was ich schon hundertmal getan hatte, legte die Maske auf, demonstrierte ihre Wirkung, ohne mich auch nur einen Deut darum zu kümmern, wer unten im Saal saß. Dann ging ich hinunter ins Publikum und verteilte meine Cremes. Fragen tauchten auf, die von Valerie übersetzt wurden, Fragen über die Maske, die Cremes und schließlich ganz persönliche Sorgen, Sorgen der strapazierten, überreizten Schauspielerhaut. Ich diagnostizierte, reinigte und behandelte an Ort und Stelle. Ich massierte die Frau des Filmproduzenten und konnte sie mit meinen Händen überzeugen. Drei Stunden lang tat ich nichts anderes als das, was ich sonst zu Hause im Institut tat. Ich ging auf die Menschen ein. Als ich anfing zu arbeiten, war das Eis gebrochen, war der Kontakt hergestellt. Der Saal war überzeugt. Um sechs Uhr verlangten die Reporter ihr Recht. Aufnahmen bei der Demonstration der Maske mit Valerie als Modell. Fotos mit dem Ehepaar Goetz, erst im Studio, dann - lange Fahrt hinaus nach Beverly Hills - in ihrem Heim, im Garten, vor dem Haus. Kurz vor acht erst verschwand die letzte Kamera.

Meine offizielle Mission in Hollywood war damit erfüllt, das Presse-Echo so gut, daß es mir in den Schönheitsinstituten Kaliforniens alle Türen öffnete. Ich besuchte die Empire University of Beauty in Los Angeles, wurde durch das College of Beauty in Hollywood geführt, sprach mit Ausbildern und Schülerinnen. Aber obwohl die Kurse sündhaft teuer waren und sechs bzw. neun Monate dauerten - wobei es keine individuelle Methode, keine Abschlußprüfung gab -, hatte ich den Eindruck, daß unsere Schülerinnen nach einem deutschen Lehrgang genauso weit waren. Zwei Tage später wollte ich abreisen, etwas früher als geplant, um noch ein paar Tage in New York zu haben. Valerie versuchte mich umzustimmen, und das Telefon schien ihr Verbündeter zu sein:

"Heimchen, freu dich! Cocktailparty bei Schweizer, dem bekannten Modeschöpfer, draußen im Valley. Du wirst begeistert sein!"

Ich war es wirklich. Schon die Fahrt war ein Erlebnis, durch rostroten Sand, durch die Wüste. Dann stürzte die Straße jäh in ein Tal, in eine Oase, ein Treibhaus von exotischer Pracht-. Orangen, Palmen, japanische Ziersträucher, ein Blumenteppich nie geschauter Fülle. Und in diesem tropisch wuchernden Park mit bunten Ruheschaukeln, "schlaraffisch" weich, gab es ein Schwimmbassin wie ein japanischer Teich, ein flaches Haus mit einer breiten, in gedämpftes Licht getauchten Terrasse, auf der sich klein wie Marionetten die Gäste bewegten, Herren im weißen Smoking, Damen im Cocktailkleid. Keine Begrüßung, kein Empfang, man fädelte sich einfach ein, ohne sich vorzustellen.

Wozu auch? Man war ja unter sich. Wer geladen war, war auch wer. Was man war, erwieß das Gespräch. Ein Herr unbestimmbaren Alters plauderte über Berlin, als wäre er dort aufgewachsen. Er sprühte von Witz, seine Pointen platzten wie Popcorn in der Pfanne. Ich kannte den Unbekannten, gut sogar ... ich kam nur nicht auf den Namen. Bis eine elegante Dame unser Gespräch unterbrach:

"Entschuldige, Siegfried, daß ich dir deine Gesprächspartnerin für einen Augenblick entführe. Ich habe entsetzliche Kopfschmerzen, und die liebe Valerie meint, Sie könnten mir helfen ..." Siegfried Arno, schoß es mir durch den Kopf, natürlich! Der große Operettenstar aus dem Berlin der 20er Jahre, und seine bildschöne Frau muß demnach Kitty Mattern gewesen sein. Ich mußte ihr mit einer Nervenpunktmassage helfen. Auf ihren Wunsch wurde sie zwanglos auf der Terrasse ausgeführt, wurde zu einer Art Show, zu einem improvisierten Zwischenspiel, das die ganze Gesellschaft eine halbe Stunde lang beschäftigte. Man fragte, was ich tue und warum, fragte nach anderen kosmetischen Dingen - und die Cocktailparty wurde unversehens zu einer zweiten Demonstration. Noch auf der Heimfahrt wollte es mir nicht in den Kopf. "Da habe ich nun vierzehn Tage lang Himmel und Hölle in Bewegung gesetzt, um ein paar einflußreiche Leute für meine Kosmetik zu interessieren, und nun fällt mir alles, was ich mit Mühe und Not erreicht habe, ohne eigenes Zutun in den Schoß. Ist das zu begreifen, Curt?" - "Begreifen läßt sich das nicht. Aber - so ist Amerika. Die Chance ist alles. Die unerwartete Chance, die man beim Schopf packt und ausnützt im richtigen Moment. Sie allein ist der Schlüssel zum großen Erfolg. Du wirst sie bei allen großen "Self-made-men" finden. Sie waren alle tüchtig, aber durchgesetzt haben sie sich immer erst durch eine unerwartete, richtig erkannte, einmalige Chance. Darum ist Amerika auch heute noch das Land der unbegrenzten Möglichkeiten. Man muß sie nur erkennen und ausnützen. Rigoros ausnützen!"

Als ich über seine Worte nachdachte, hörte ich die Verlockung dahinter, alle Brücken abzubrechen, dort zubleiben, um meine Chance zu suchen und auszuwerten - aber ich wußte gleichzeitig, daß ich dies nicht tun würde. Dort war nicht mein Platz. In Amerika machte man etwas aus sich, im gegebenen Augenblick, und hat dann Erfolg. Im alten Europa wird man, wächst in eine Aufgabe hinein, geht in ihr auf, und daraus reift dann, wie eine Frucht am Ende der Erfolg. Hier war ich verwurzelt. Und indem ich Amerikas wahres Gesicht erkannte, war ich schon dabei, mich abzulösen.

*Ich habe den konkreten Niederschlag jener acht turbulenten Wochen gerade hervorgeholt. Der große, runde Tisch in meinem Biedermeierzimmer kann ihn kaum fassen: das Certificate, die Analyse meiner Präparate, die ihnen hervorragende Qualität, natürliche Reinheit und biologische Wirksamkeit bestätigt; Zeitungsausschnitte aus Los Angeles, Hollywood, New York, dazu fast 100 großformatige Fotos von den Empfängen, den Demonstrationen der Goldenen Maske. Mit der Besessenheit eines wahren Foto-Amateurs hatte Valerie einen ganzen Tag damit zugebracht, immer neue Farb-Arrangements um die Maske zu kombinieren, sie einmal sogar in einen Bastvogelkäfig gelegt - sehr effektvoll, gekonnt. Und ich sehe ihr schelmisches Gesicht wieder vor mir, das seltsame Funkeln in ihren Augen, als sie mir sagt, daß sie mir leider, leider keine Fotos mitgeben kann. "Das Fotogeschäft hat mich im Stich gelassen ... " Ich hatte so darauf gebrannt, diese unschätzbaren Dokumente nach Hause zu schleppen! Das war beim letzten Lunch im Innenhof des Heinzelmännchenhauses, in dem die Technik alles auf einen Knopfdruck hin bedient, beim Abschied von Beverly Hills. Ich sehe, als wäre es gestern, ihre immer kleiner werdende Gestalt auf dem weiten Rollfeld, sehe die weiße Millionenstadt unter mir versinken, höre die Maschine dröhnen in die langsam hereindämmernde Nacht.*

In New York hatte ich ein paar Tage "gut". So bummelete ich durch dieses Gebirge von Beton und Asphalt. Fuhr Subway zum stillen Central Park mit seinen alten Bäumen, den die Wolkenkratzer fern wie Schneeberge umstehen; ins Hafenviertel mit seinem Gemisch aller Rassen, Sprachen und Gerüche; in die Radio City und Wallstreet, wo um die Mittagszeit Zehntausende zu ihrem Schnell-Lunch hasten.

Am Nachmittag versuchte ich dann mit Frau Dr. Risser zu sprechen, erreichte jedoch nur ihre Hausdame - die Herrschaften seien verreist, ich solle aber bei ihnen wohnen. Ich zog also um. In ein Heim, in dem jeder Raum Atmosphäre hat, ohne auf technische Annehmlichkeiten zu verzichten, in dem deutsche Behaglichkeit und amerikanischer Komfort eine glückliche Synthese eingegangen waren. So ließe sich auch in dieser Stadt leben ...

Am nächsten Tag rief ein Reporter an, der deutsch sprach und über den Generalkonsul ein Interview mit einem deutschen Arzt vereinbaren sollte. Eine Chance! Der Generalkonsul sei verreist, sagte ich, wenn er aber eine deutsche Kosmetikerin interviewen wolle, die gerade in Hollywood - ich ließ einige Namen einfließen - Gast bei Curt Goetz und Valerie von Martens gewesen sei ...

Im Eifer des Gesprächs mußte ich wohl das Läuten der Türglocke überhört haben. Die Hausdame brachte mir ein Riesenpaket. "Für mich? Wer soll mir nach New York ein Paket schicken?" Es kam aus Beverly Hills, von Valerie: sämtliche Fotos und Dias, säuberlich aufgezogen und exakt gerahmt, ein Riesenalbum, wie es nur ein Foto-Liebhaber anfertigen kann und - eine Freundin. Sie mußte eine Woche lang daran gearbeitet haben. Als der Reporter eine Stunde später zum Interview kam, konnte ich ihm die Demonstration der Goldenen Maske in Hollywood im Foto geben. Es wurde ein gutes Interview. Eine spaltenlange Reportage in der deutschsprachigen Zeitung von New York.

Nun war alles erreicht, was ich erreichen wollte. Und - ich konnte es schwarz auf weiß nach Hause bringen. Ich war ausgezogen, um zu prüfen, ob der Export meiner Artikel in die USA möglich wäre, und nun konnte ich beweisen - es geht. Ja mehr noch, ich hatte die schwierigste Voraussetzung dazu schon erfüllt. Walter Friedmann hätte die Chance nur noch wahrzunehmen brauchen - glaubte ich damals. Aber Walter Friedmann holte mich - wie schon so oft - aus meinen Träumen auf die Erde zurück. "Was du in Amerika erreicht hast, ist gut. Wir werden es in der Werbung ganz groß verwerten können, aber jetzt den Sprung auf den amerikanischen Markt zu wagen, wäre kaufmännisch einfach nicht zu vertreten. Zuerst muß der richtige Importpartner gefunden sein. Und dann muß im Inlandsgeschäft noch entsprechend Produktions- und Organisationskapazität frei sein, um erfolgreich einen Auslandsmarkt zu eröffnen. Und dann müßten große Kapitalsummen für die Werbung investiert werden ... "

Das leuchtete mir ein. War doch Curt Goetz' ceterum censeo gewesen: "Rosel, du kannst ein Mittel gegen den Tod erfinden, du kriegst es nicht los ohne Reklame!" Trotzdem war ich unendlich enttäuscht. Vorläufig war alles umsonst gewesen: das Abenteuer Amerika war zu Ende.

# Im Tusculum

Amerika brachte mir dennoch einen Gewinn, einen, der nicht durch Dokumente und Publicity nachzuweisen ist, sondern in der Heimat reifte, in Hundsbach. Instinktiv hatte ich mich dorthin zurückgezogen, um zu mir selbst zu kommen. Deutlicher als alles zuvor hatte mir Amerika gezeigt, daß ich auf dem richtigen Weg war, daß nur eine natürliche Kosmetik des ganzen Menschen die Spuren eines unnatürlichen, sich im Äußerlichen verzehrenden Lebensstils mildern kann. So wollte ich nun versuchen, was ich als richtig erkannt hatte, auch zu begründen.. Von "Umweltverschmutzung" sprach damals noch niemand. Aber das Beispiel Amerika war mir wie ein warnendes Zeichen gewesen. Zunächst aber tat ich gar nichts. Freute mich, daß die Sonne scheint, von keiner Dunstglocke gefiltert. Daß ich meine Beine gebrauchen durfte, Augen, Ohren und Nase.

Ich suchte. Am Abend ging die Lampe in der großen Bauernstube erst nach Mitternacht aus. Ich las: Botanik, Biologie, Zoologie, auch Biographien. Bücher über alles Lebendige. Nur von dort konnte die Lösung der Frage kommen, die mich beschäftigte: Ob es möglich ist, die Frische der Jugend zu erhalten, ob man der reiferen, aber noch aktiven Frau, auf die heute so viele neue Aufgaben warten, ein frisches Aussehen bewahren kann, das ihrer tatsächlichen Schaffenskraft entspricht. Die ganze Entwicklung der biologischen Kosmetik arbeitete ich in diesen Monaten noch einmal durch, von ihren fragwürdigen Anfängen bis zu den neuesten, in der Theorie fundierten, in der Praxis erwiesenen Erkenntnissen. Gewissenhaft, um mir selbst zu bestätigen, daß das empirisch Erfahrene auch der Kontrolle standhalten kann. Dann machte ich keine Versuche mehr. Ich merkte - mit meiner bisherigen Fachüberzeugung war nicht weiterzukommen, das Wissen stellt sich der Intuition immer wieder in den Weg. Darum mußte ich alles fachliche Wissen ausschalten und ganz unvoreingenommen neue Wege gehen. Alles in Frage stellen, alles für möglich halten.

Weil das Welken der Haut deutlich mit der Verringerung der Produktion weiblicher Sexualhormone im Klimakterium beginnt, richtete sich die Hoffnung der Fachwelt damals auf Hormoncremes, von denen man annahm, sie könnten eine hautwirksame Dosis von Hormonen einschleusen, ohne den körpereigenen Hormonhaushalt durcheinanderzubringen. Auch ich probierte also eine der vielgepriesenen Hormoncremes auf der eigenen Haut, wo sie keine nachteilige, aber auch keine direkt positive Wirkung zeigte. Nach welcher Zeit kann man die Wirkung eines Produktes beurteilen? Darüber streiten sich die Geister. Ich spielte also weiter Versuchskaninchen, bis mich eine Frage Frau Dr. Enderleins in meiner Vorsicht gegenüber Hormonen bestätigte. Für die Praxis ihrer Kosmetikakademie in Stuttgart war sie von einem Hersteller großzügig eingedeckt worden. Nach einiger Zeit hatten auffallend viele Schülerinen Regelstörungen bekommen. Könnte die Hormoncreme dafür die Ursache sein? - Obwohl der Hersteller versicherte, die Hormone wirkten nicht über die Haut hinaus? Ich jedenfalls brach den Versuch ab. Obwohl die Nebenwirkungen unübersehbar waren, blieben Hormoncremes jahrzehntelang der große Renner auf dem Kosmetikmarkt.

Bei der Suche nach einem "Verjüngungsmittel" kam man auf eine andere Substanz, die alles enthält, was zur Regeneration nötig ist, und die diese Nebenwirkungen nicht zeigte: das Hühnerei. In ihm ist alles vorhanden, was das Küken zu seiner Entwicklung braucht. Diese Kräfte werden im Ei aber erst dann mobilisiert, wenn der Küken-Embryo zu entstehen beginnt, wenn das Ei also befruchtet ist. Damals bewegte gerade eine Theorie die Gemüter, über die man heute nur noch lachen kann, obwohl sie wahre Stürme der Begeisterung und Entrüstung auslöste: das Neun-Tage-Ei. Von dem befruchteten und neun Tage lang angebrüteten Hühner-Ei versprachen sich seine Propheten die tatsächliche Verjüngung des Menschen. Keine Zeitung, die sich nicht fast täglich spaltenlang mit der Hysterie des Für und Wider auseinandergesetzt hätte. Ich hatte mir vorgenommen, auch das Unmöglichste nicht unversucht zu lassen, und war entschlossen auch das Neun-Tage-Ei zu versuchen, aber es war mir einfach unmöglich, das faule Ding hinunterzuschlucken, wie es damals allmorgendlich jeder siebte Bundesbürger tat. In

121

manchen Betrieben schluckte die halbe Belegschaften das grausige Gallert. Einige soll es gegeben haben, die sich nachher wie neu geboren fühlten; andere spuckten den kostbaren, übrigens gar nicht billigen Saft magenwendend wieder aus. Aber auch von denen, die die Wundermedizin tapfer schluckten wie kleine Kinder früher ihren Lebertran, waren viele ehrlich genug, zuzugeben, daß sie sich danach weder jünger noch vitaler fühlten. Die Hysterie um das Neun-Tage-Ei dauerte einen Sommer lang. Danach kehrte man reumütig wieder zu der Gewohnheit zurück, das für den menschlichen Genuß bestimmte Ei zu durchleuchten und auf seine absolute Frische zu prüfen. Faule Eier landeten wieder dort, wo sie hingehören: im Mülleimer.

Auf dem kosmetischen Markt lösten placentahaltige Produkte mehr und mehr die reinen Hormoncremes ab. Mir ist der Einsatz dieses Wirkstoffes immer in mehrer Hinsicht brisant erschienen. Ich machte die nächsten Versuche mit einer anderen, artfremderen Embryonalsubstanz, dem Bienenköniginnenmuttersaft, dem Gelee Royal. In jenen einsamen Monaten im Häusle, in denen ich mich in das Labor einschloss und das Baden-Badener Institut in der Obhut meiner Töchter ließ, beschäftigte ich mich ausführlich mit den Wirkungsmechanismen des Gelee Royal. So gut es als Nahrungsergänzungsmittel wirkte, so wenig befriedigend war seine Wirkung auf der Haut. Leider gab es sehr viele Unverträglichkeitsreaktionen. Eine gute Wirkung dagegen erreichte ich mit Zellbreiauflagen aus den verschiedensten Pflanzen. Mit allen Küchenkräutern, mit gehacktem, frisch gepflücktem Spinat, mit Petersilie und mit Salbei hatte ich Auflagen gemacht und immer ein sehr frisches, belebtes Hautbild erzielt. Den frischen Grasbrei aus meiner Rasenmähmaschine hatte ich zu straffenden, hautbelebenden Chlorophyllbädern verwendet. Wie immer, wenn ich mich mit Pflanzen beschäftigte, war ich in meinem Element. Umsetzen in ein haltbares kosmetisches Produkt liess sich diese Wirkung jedoch leider nicht.

Tief verschneit lagen die Wiesen, auf dem jenseitigen Hang beugten sich die Tannen unter der Last des Schnees. Die winterlange Bilanz in meinem Häusle trug trotzdem ihre Frucht.

Es wurde Zeit, die Einsamkeit zu beenden und sich wieder den täglichen Anforderungen zu stellen.

Mein Partner Walter Friedmann hatte in einer fast hundertjährigen, großzügig gebauten Villa am Berghang über Baden-Baden, von alten Parkbäumen halb verdeckt, dem "Haus der Schönheit", die Verwaltung seines Betriebs eingerichtet.

Der Zeitpunkt, ab dem der Bühler Produktionsbetrieb, zweimal vergrößert, die Anforderungen des Inlands und des wachsenden Exports nicht mehr erfüllen konnte. Walter - ein unermüdlicher Schaffer, der von sich selbst das Äußerste abverlangte - suchte bereits nach neuem Gelände in Baden-Baden, um Produktion und Verwaltung zusammenzuführen. Das "Haus der Schönheit" quoll fast über. Denn in den Kongreßräumen im Erdgeschoß, in den Studios im Souterrain saßen alle 14 Tage neue Schülerinnen.

Am Anfang hielt ich dreimal wöchentlich selbst Vorträge. Dabei ging es mir nicht um die Techniken der manuellen und apparativen Kosmetik. Wichtiger war mir immer, die Einsicht zu vermitteln, daß die Beurteilung des ganzen Menschen, seiner geistig-seelisch-körperlichen Struktur und seines sozialen Umfelds wichtigste Grundlage für die Empfehlung der richtigen Hautpflege ist:

Zuerst sehe ich das " Bild " des Menschen, der in meine Praxis kommt. Ich erkenne die ererbte Konstitution - ist die Haut z.B. dick, gelblich bis braun, so kommen die Vorfahren wahrscheinlich aus dem Süden, wo sich im Laufe der Generationen die Haut an die intensive Sonnenstrahlung angepaßt hat, ist die Haut dünn, weiß bis rosig, so sind die Vorfahren meist keltischen Ursprungs aus einem Land, wo die Sonne Mangelware ist. Ich sehe den Körperbau, die Körperhaltung, den Gang, die Gestik, das Atmen und Sprechen, ob schnell, hektisch, langsam - aus alledem sollte die Kosmetikerin ein erstes Bild des gesamten Menschen zu erfassen suchen. Dann beginne ich mit der Anamnese, der Vorgeschichte. Ich muß sie geschickt und taktvoll nach der Art und Verwendung sonstiger kosmetischer Präparate, nach den Ernährungsgewohnheiten fragen, nach dem Hormonhaushalt, nach eventuell eingenommenen Medikamenten, nach dem Beruf, denn damit ist oft die ständige Berührung bestimmter Stoffe verbunden. Aber auch, ob die Arbeit Freude macht oder als Last empfunden wird. Ob die Kundin ein harmonisches oder gestörtes Verhältnis zu Mann und Familie hat, ist ein ganz wichtiger Fingerzeig, wenngleich die Antwort mehr zwischen den Zeilen herausgehört werden muß, als erfragt werden kann. Ich habe schon ganz üble Hautgeschichten erlebt, die jeder Behandlung trotzten. Die Ursache für Hautstörungen lassen sich nicht in ein Schema zwängen. Die Haut einer Kundin wurde erst dann besser, als sie sich ihre ständige, verdrängte Angst um die Treue ihres Mannes bewußt machen konnte und sie dadurch unter Kontrolle bekam und mit der Angst auch ihre geradezu hysterisch reagierende Haut. Eine andere Dame bekam krebsrote, nesselfieberartige Flecken im Gesicht und an den Armen, sobald nur der Name eines Landes fiel, in dem sie nach einer Lebensmittelvergiftung diese Hautreizungen bekommen hatte. Der Name genügte, um Symptome hervorzurufen, für die gar kein auslösender Anlaß mehr bestand, wie im Pawlowschen Tierversuch bereits das Läuten der Futterglocke genügt, um den Speichel des Hundes fließen zu lassen, auch wenn gar keine Fütterung damit verbunden war. Wie ein Pawlowscher Reflex durchläuft ein solches Reaktionsmuster auch ohne konkreten Reizanlaß alle programmierten Stadien. Beobachten können und die richtigen Schlüsse daraus ziehen, das ist bei einer Kosmetikerin besonders wichtig. Im Aufschwung jenes ersten Nachkriegsjahrzehnts war die Kosmetik ein so weites Feld geworden, daß auch der Experte Kontakt mit anderen brauchte, die auf ihrem Gebiet Spezialisten waren. Mit der Zeit war die Apparate-Technik für die Kometikerin wichtig geworden. Zur gegenseitigen Anregung und zum Erfahrungsaustausch kamen im Frühsommer 1955, beim Internationalen Kongreß in Baden-Baden Techniker, Ärzte und Kosmetikerinnen zusammen. Ein neues, vielversprechendes Mittel, Wirkstoffe in die Haut einzubringen, war entdeckt.

Zu dem im Zusammenhang mit dem Kongreß tagenden "Internationalen Arbeitskreis" hatte ich Dr. Ludwig Levy-Lenz um einen Vortrag gebeten. Er war ein Schüler des als "Nasen-Josef" bekanntgewordenen Dr. Josef aus Berlin, der die ersten kosmetischen Nasen-Korrekturen machte. Er besuchte mich, als er in Baden-Baden zur Kur war, und meinte: "Ich bin Ihnen noch etwas schuldig, Frau Heim", denn ich hatte ihm einige Kundinnen zur Nasenoperation geschickt. "O ja, einen Vortrag sind Sie mir schuldig", sagte ich, "es sind eine Menge befreundeter Kosmetikerinnen in Baden-Baden, und ich habe zwei Kosmetikschulen zu Besuch, da werden Sie uns das Neueste aus der kosmetischen Chirurgie erzählen!" Was Dr. Levy-Lenz dann allerdings berichtete, war eine kleine Sensation: eine neue, gefahrlose Möglichkeit, Gesichtsfalten durch Unterspritzung aufzufüllen, also nahezu unsichtbar zu machen. Durch Zufall war der Chirurg auf ein Mittel gestoßen, das sich im Unterhautzellgewebe nur sehr langsam abbaut und keinerlei Reizungen verursacht, das Licesan. Beim Verabreichen von Anti-Syphilis-Präparaten in einem Berliner Bordell hatte er beobachtet, daß die Trägersubstanz, mit der er ein Präparate-Depot unter die Haut spritzte, dort lange Zeit in Form einer Geschwulst erhalten blieb, ohne unliebsame Reaktionen auszulösen. Er spritzte den Träger, Licesan, daraufhin auch unter die Gesichtshaut, um starke Stirn-, Nasenflügel oder Mundfalten aufzufüllen, und hatte erstaunliche Erfolge. Die Falten waren verschwunden, und wenn sie sich nach etwa einem bis eineinhalb Jahren wieder zu zeigen begannen, konnte man erneut darunterspritzen. Welch großen Fortschritt das damals bedeutete, konnte nur ermessen, wer miterlebt hatte, wie viele Enttäuschungen und Schmerzen Falteninjektionen mit anderen Mitteln verursacht hatten. Trotz aller Fehlschläge wurden damals immer noch Paraffin-Injektionen gemacht, an denen skrupellose "Kosmetiker" gut verdienten. Selbst nach anfangs zufriedenstellenden Ergebnissen, und bei bester Ausführung konnte es geschehen, daß das Paraffin nach einem Jahr zu wandern begann. Oft aber zeichneten sich schon bald nach den Einspritzungen falsch gelagerte Platten unter der Haut ab, es bildeten sich Beulen und Knoten, die das Gesicht mehr entstellten, als es die Falten oder Tränensäcke, die man beseitigen wollte, getan hatten. Noch schlimmer als die körperlichen Schmerzen  waren die seelischen Depressionen, die Selbstvorwürfe und Schmerzen der Frauen, die Zeitungsinseraten wie: "Falten und Runzeln entfernt in ein bis zwei Sitzungen " zum Opfer gefallen waren. Eine Kundin, die ich während des Krieges in Stuttgart behandelte, litt seit Jahren an dauernden, migräneartigen Kopfschmerzen. Sie hatte schon in mehreren Sanatorien Linderung gesucht, aber ganz umsonst. Wohl war mir bei der Massage eine knotenartige Verdickung über der Nasenwurzel aufgefallen, die mich an eine Paraffin-Unterspritzung denken ließ, doch ich traute sie dieser bescheidenen, verschüchterten Frau eigentlich nicht zu. Trotzdem fragte ich sie eines Tages und erhielt, wie fast erwartet, negativen Bescheid. Nach einer mehrmonatigen Behandlungspause - sie war wieder im Sanatorium gewesen - spürte ich, daß der Knoten unter der Stirn sich verbreitert und seine Lage gewechselt hatte. "Sie haben neulich geschwindelt, Sie haben sich doch Paraffin spritzen lassen!" sagte ich spontan. Schluchzend gestand sie mir, sie habe sich eine häßliche Stirnfalte und Tränensäcke durch Paraffin-Injektionen ausgleichen lassen, habe aber schon wenige Tage danach stechende Kopf- und Augenschmerzen bekommen und mache seither ein wahres Martyrium durch, weil ihr kein Schmerzmittel mehr Linderung brächte. Auch in den Sanatorien habe man ihr nicht helfen können, weil sie das Grundübel aus Scham und inzwischen nun auch aus Furcht vor ihrem Mann nicht nur verschwieg, sondern abstritt. Wer hätte auch Verständnis für die so schwer bestrafte Eitelkeit mitgebracht? Als sie sich schließlich auf mein Zureden entschloß, die Paraffinmasse herausschneiden zu lassen - wegen seines hohen Schmelzpunkts ist es unmöglich, Paraffin unter der Haut flüssig zu machen und abzusaugen, ohne das Hautgewebe zu beschädigen -, blieb zwar eine Narbe zurück, aber die Kopfschmerzen verschwanden.

Bei Brustkorbkorrekturen war die Gefahr noch größer. Ich erinnere mich an eine Frau, deren Fall Dr. Wolf in Berlin als Warnung demonstrierte. Schon bald, nachdem sie in einem Berliner Kosmetik-Institut Paraffin-Injektionen bekommen hatte, waren die Brüste bläulich verfärbt und druckempfindlich geworden. Man machte Bestrahlungen, die Knoten entwickelten, und nach dem Öffnen der Einstichstellen sonderte sich Paraffin ab. Die Schmerzen nahmen zu, breiteten sich auf die Schultergelenke aus und es kam zu Sprachstörungen und Gedächtnisstörungen. Mit steinharten Brüsten wurde die Patientin ins Krankenhaus eingeliefert, und nur eine radikale Amputation beider Brüste konnte sie retten. Wenige Wochen vor der Begegnung mit Dr. Levy-Lenz hatte ich mich noch in Fachzeitschriften für ein Verbot von Paraffin-Spritzungen eingesetzt.

In der anschließenden Diskussion konnte aber auch der Arzt von der Kosmetikpraxis profitieren. Dr. Levy-Lenz fragte mich: "Warum nehmen eigentlich manche Ärzte Vaseline - oder Euzerin - als Salbengrundlage und andere Lanolin?" Das konnte ich aufgrund eigener Beobachtungen eindeutig erklären. "Euzerin wird gern genommen, weil es so viel Wasser aufnehmen kann, bis zu 70 und 75 Prozent. Aber es geht sehr langsam in die Haut, es wirkt geradezu als Bremse; ich nehme es also nur dann, wenn Wirkstoffe sehr langsam und allmählich in die Haut gebracht werden wollen. Verarbeitet man dieselben Wirkstoffe in einer Lanolin-Grundlage, wirken sie viel schneller."

Das "optische Zeitalter" hatte begonnen. Film, Fernsehen und Bildmagazine beeinflußten selbst das letzte Dorf. Die Frauen waren "kosmetikbewußt" geworden. Man dachte und wertete in ästhetischen Begriffen, das Äußere, die gute Form, die Farbe, die Mode wurde immer wichtiger. Und mit diesen neuen Augen-Erlebnissen spielte das gute Aussehen der Menschen eine immer größere Rolle im täglichen sozialen Kontakt und im Beruf. Millionen kauften Kosmetika, die nie den Weg in ein kosmetisches Institut fanden. Für sie hatte ich - als letztes Ergebnis meiner winterlichen Einsiedelei - Kurpräparate entwickelt, die ihnen die abwechslungsreiche Hautpflege eines Schönheitssalons auch zu Hause ermöglichen sollte.

Aber kann man mit Präparaten allein jedes Hautproblem beheben? Ich habe gelernt und gelehrt, daß die Arbeit der Kosmetikerin nicht darin besteht, eine Störung im Hautbild mit der Verabreichung eines Präparates zu "beseitigen", sondern dessen Ursache zu suchen. Doch wie schwierig ist diese Suche, wieviel Erfahrung braucht es, um die "wahre" Ursache zu erkennen; und wieviel Wissen ist nötig, um an dieser Ursache zu arbeiten. Deshalb kann "Kosmetik", wie ich sie verstehe, nicht über den Ladentisch verkauft werden. "Kosmetik war und ist für mich immer noch mehr als das einzelne Präparat, das schön aussieht und gut riecht."Kosmetik" braucht das Wissen um den ganzen Menschen. Um dies zu vermitteln wollte ich jede einzelne "ungelernte" Kosmetik-Konsumentin erreichen. Deshalb bot ich einer Reihe von Tageszeitungen Artikelserien an, kurze, leichtverständliche Kapitel, die die Grundlagen der Schönheitspflege erläutern sollten. Eine regelrechte Schönheitsfibel sollten sie werden. Schönheitspflege für jedermann, aber: "richtig". Zahlreiche Zeitungen sagten zu. Ich machte mich also ans Werk, nicht ahnend, welches Echo, welche Flut von Anfragen aus der ganzen Bundesrepublik mir dies eintragen sollte, und beantwortete Abend für Abend oft erschütternde Briefe, die mir zeigten, wie stark das Bedürfnis nach sachkundiger Information ist.

# Die Molkenkur

Inzwischen waren neue Pläne entstanden: ich hatte vor einiger Zeit die "Molkenkur" gekauft, ein ländliches, breit gelagertes Fachwerkhaus mit angebautem Stall am Hang des Fremersbergs, für das die Stadt Baden-Baden keine Verwendung hatte und das samt einem großen, parkähnlichen Areal mit altem Baumbestand für "'nen Appel und ein Ei" zum Verkauf stand. Eigentlich habe ich die Molkenkur meinen Tieren zu verdanken. Denn Schafe, Hund und das Rudel Katzen in Hundsbach waren mir in letzter Zeit oft eine Sorge gewesen, wenn es einmal spät wurde im Institut, und ich wußte: sie warten auf mich, wollen versorgt werden, wollen mich um sich haben. Bimbo, meinen Königspudel, nahm ich immer mit mir nach Baden-Baden. Wenn es dann schnell noch hinausging ins Werk zum Aromatisieren, litt er kläglich, saß mit eingezogenem Schwanz in der entferntesten Ecke und winselte: Er mochte den Duft nicht leiden.

Einmal, als meine Arbeit zu Ende war, schien er spurlos verschwunden. Wo ich auch suchte, ich fand ihn nicht. Ziemlich niedergeschlagen fuhr ich meine 184 Kurven heimwärts, da kam er mir vor dem Häusle schwanzwedelnd entgegen: Herr Bimbo hatte bis Hundsbach den Bus benutzt und war dann durch den Wald gelaufen.

Ich klagte also einer Kundin, wie schwer es mir werde, die Tiere abends so lange auf mich warten zu wissen, und sie meinte: "Ja, nehmen Sie doch die alte Molkenkur. Die Stadtverwaltung möchte sie los sein, und Sie könnten dort mit ihren Tieren leben, unbehelligt von der Stadt, und doch ganz in der Nähe".
"Die Molkenkur"? Ich konnte mich kaum an sie erinnern, fuhr bei nächster Gelegenheit hin und hatte sie auch schon ins Herz geschlossen. Dort wollte ich jetzt eine Schönheitsfarm einrich-

ten, die beste, die es in Deutschland zu der Zeit gab. Aber sie sollte ganz anders werden als die Beauty-Farms, die ich in Amerika kennengelernt hatte. Die gründliche Pflege der Haut sollte nur das Tüpfelchen auf dem "i" sein. Ein individuell zusammengestellter Diätplan, Saft- und Molkenkuren, Entspannungstraining, Gymnastik, Rhythmik-Übungen und Ruhe sollten die körperlich-seelische Entkrampfung und Gesundung einleiten, die Harmonie wiederherstellen, die Voraussetzung jeder Schönheit ist. Meine Molkenkur sollte eine Keimzelle wahrer Ganzheits- Kosmetik werden.

Indes - sie sollte nicht. Das Machtwort eines Arztes machte mir klar, daß meine Pläne wieder einmal nur Pläne bleiben mußten. "Sie haben jetzt die Wahl, ob Sie Ihre geliebten Blümle im nächsten Jahr noch von oben - oder schon von unten anschauen wollen ... "

Da hab ich mich doch schnell für "oben" entschieden. Ich ließ mich brav operieren, legte mich brav ins Sanatorium, wo die vereinten Bemühungen mehrerer Spezialärzte mich zwar ärmer, aber nicht viel gesünder machten, und kam so rasch als möglich wieder nach Baden-Baden zurück, um die Molkenkur doch auszubauen und einzurichten. Der Stall wurde in ein Diätrestaurant verwandelt, in dem zunächst Passanten und die Gäste eines benachbarten Sanatoriums aßen; später sollte hier auch für die Schönheitsfarm gekocht werden. Ich schrieb eine lustige Geschichte der Vitamine, die im Paradies begann, denn - so stand dort zu lesen - Adam würde wohl kaum das sonst so schöne Paradies aufs Spiel gesetzt haben, hätte ihn nicht chronischer Vitaminmangel dazu gezwungen, nach dem Apfel zu greifen. Mein Schwiegersohn dedizierte mir ein Aquarell fröhlich tanzender Gemüsepflanzen als Druckstock für Platzdeckchen und Papierservietten, von denen so gewaltige Vorräte gedruckt wurden, daß selbst heute noch immer wieder einige Päckchen aus einer Schublade hervorkommen. Meine Gäste konnten also kommen.

Aber wieder machte mir mein Körper einen Strich durch die Rechnung:

Von Schmerzen, die immer unerträglicher geworden waren, die mich von Arzt zu Arzt gejagt und mein ganzes Wesen verstört hatten, konnte mich endlich eine Wirbeloperation in München befreien. In letzter Minute, wie der operierende Arzt meinte: "Wenn man Sie so weiterbehandelt hätte, statt zu operieren, wären Sie in 14 Tagen querschnittsgelähmt gewesen." Man verordnete mir rigoros einen Erholungsurlaub und schickte mich nach Ägypten.

Es war interessant in Kairo. Zu den Museen kamen die internationale Atmosphäre, der Zusammenhalt der dort lebenden Europäer, und für mich -natürlich- auch der dortige Erfahrungsaustausch mit Kosmetikerinnen, Kosmetik-Ärzten. Eigene hautnahe Erfahrungen in diesem extrem trockenen Klima, ein gelegentliches Referat in einem Damenclub. Aber: Arbeit, wie ich sie mir wünschte, wie ich sie brauche, war es nicht. Das Hauptgeschäft ägyptischer Schönheitssalons bestritten Enthaarungsbehandlungen am ganzen Körper - sehr wichtig für die vornehme Araberin, die ja nirgendwo auch nur ein Härchen haben darf. Man verwendete zur Enthaarung überaus fingerfertig eine aus Zucker und Zitronensaft geknetete, marzipanartige und sehr zähe Masse, die auf die Haut aufgerollt und samt den daran festgeklebten Härchen wieder heruntergerissen wird. Mehr aus Liebhaberei und Sehnsucht nach meinem Beruf kaufte ich das Rezept, ohne es allerdings später auszuwerten.

Nach der Rückkehr nach Baden-Baden hieß es zunächst: nur "halbe Kraft voraus". Ich mußte lernen, ökonomisch zu leben. Ich brauchte - brauche ihn bis heute noch - den Kontakt mit den Menschen, die Anregung von außen, aber genauso wichtig war mir die Stille, um das Erlebte zu ordnen. Ich brauchte meinen eigenen Rhythmus im Einklang mit dem der Natur. Lebte wie eine Pflanze, die sich im Sommer nach der Sonne reckt, um sich im Winter auf ihre Wurzel zurückzuziehen. Ordnete meine ganze Existenz nach dem rhythmischen Wechsel von Praxis und Theorie, Erfahrung und Orientierung. In Baden-Baden hatte sich viel verändert. Unmittelbar neben dem "Haus der Schönheit" leuchtete eine neue Attraktion: der weiße Pavilionbau des "Instituts für Ganzheitskosmetik", gegründet von Walter Friedmann.
Welche Bedeutung tägliche praktische Arbeit der Kosmetikerin für die Präparate-Entwicklung hat, das kann gar nicht hoch genug eingeschätzt werden. Die Ärzte, selbst die größten Kapazitäten, haben nur Kurzzeit-Tests zur Erprobung neuer Materialien und Methoden zur Verfügung, und ihre Testgruppen bestehen aus maximal 20 Leuten, die in der Regel nicht einmal einen repräsentativen Querschnitt der Bevölkerung darstellen. Sie können sich auch gar nicht die Zeit nehmen, festzustellen, was die Patientin nebenbei noch verwendet und wie ihre Lebensumstände die Haut beeinflussen.
Ich war gerade wieder auf den Beinen und zur Eröffnung gekommen um meinem Partner herzlich zu gratulieren. Wußte ich doch, was es ihm bedeutete, daß er dort nicht nur seinen

Frimator einsetzte (ein Bürstenmassage-Gerät für Gesicht, Hals- und Schulterpartie), sondern daß das märchenhaft schöne Institut mit Sauna, Aescusalbad, Kosmetik-Kabinen, Gymnastik- und Ruheraum, Vibrations- und Massage-Geräten dem ästhetischen Sinn der Baden-Badener imponieren würde. Die Eröffnung, an der u. a. auch Lil Dagover teilnahm, wurde zu einem gesellschaftlichen Ereignis. In dem Wiesengelände zwischen Stadtrand und Autobahnzubringer war eine neue Produktionsstätte entstanden, die Rosel-Heim-Präparate in nun schon über 60 Länder exportierte. Der Bau war ästhetisch gelungen, technisch perfekt, von den Labors bis zur Verpackungshalle nach dem letzten Stand der Kosmetik-Chemie und Fertigungstechnik eingerichtet. Langsam begann sich aus dem Unternehmen eine Unternehmensgruppe zu entwickeln, die auch andere Kosmetikserien herstellte. Es war offensichtlich, daß mein Partner Walter Friedmann aus unserem kleinen Unternehmen einen wirtschaftlich sehr erfolgreichen Kosmetikkonzern gezimmert hatte. Ich spürte, das ich der Arbeit in diesem Konzern körperlich nicht mehr gewachsen sein würde, aber auch, daß mich mein Partner nicht mehr brauchte, um weiterhin erfolgreich zu sein.

*Acht Tage nicht an diesem Buch geschrieben. Und aus gutem Anlaß: Valerie war hier. Wie lange haben wir uns nicht gesehen! Wieviel gab es zu erzählen. Schweres auch, denn seit dem Tod von Curt Goetz hat sie sehr zu kämpfen. "Jetzt beute ich Curtchens Arbeit aus", sagt sie humorvoll. "Weißt du, er hat es nie verstanden, aus seinen Ideen Kapital zu schlagen. Vieles liegt noch ungenützt." - "Warum hast du eigentlich damals deine Chance nicht genützt, um in den amerikanischen Markt einzusteigen?", will sie schließlich wissen. "Damals waren wir noch nicht soweit, alles kam gleichzeitig auf uns zu. Unsere alten Stamm-Kosmetikerinnen hatte ich ja alle auch "Freundin" nennen können. Nun erweiterte sich das Netz in kurzer Zeit um Tausende, da mußte der persönliche Kontakt erst geschaffen werden. Ich ging also auf Rundreise - lud allein in Berlin zum Beispiel mehr als 2000 Leute zu Vorträgen ein, besuchte die Salons. Auch in Rom war ich mit Walter Friedmann in jedem einzelnen unserer Depots." - "In Italien seid ihr ja mächtig gut vertreten!" "Eines unserer besten Exportländer! Dank Bianca Faccincani." "Ist das ein so dynamisches Persönchen?" "Dynamisch, ja. Aber Persönchen? Sie hätte schon als wohlsituierte, ältere Dame gelten können - reich, unabhängig, im römischen Gesellschaftsklatsch zu Hause -, als sie auf Deutschlandreise ging. Nur so, als Touristin. Da saß ihr im D-Zug-Abteil nach München ein junges, hübsches Mädchen gegenüber, das ihr von Baden-Baden bis Stuttgart von Rosel-Heim-Kosmetik vorschwärmte - es war Pia Müller, die gerade von einem Anwendungslehrgang in Baden-Baden nach Hause fuhr. Bianca Faccincani war fasziniert, stieg mit ihr in Stuttgart aus und fuhr statt nach München zurück nach Baden-Baden, um sich von Herrn Friedmann die Generalvertretung für Italien zu sichern." "Und hatte geschäftlich noch nie etwas mit Kosmetik zu tun gehabt?" "Überhaupt nicht. Aber sie war begeistert. Sie fühlte sich geradezu als Missionarin der echten Hautpflege ... Wann immer ich sie besuchte, hatte sie in Rom neue Anhängerinnen, neue Interessentinnen um sich. - Aber auch in Norwegen habe ich Vorträge gehalten, durch Belgien bin ich mehrfach gereist, einmal zu einem Kurs mit einer Klosterfrau, die sich das fachliche Rüstzeug holen wollte, um mit ihren Schülerinnen über Hautpflege zu sprechen. Sie hatte eine Sondererlaubnis vom Papst, solange Zivil zu tragen. "*

*"Hast du mir nicht auch aus Holland geschrieben?" "Dort war ich schon sehr früh, Anfang der fünfziger Jahre. Damals hatte uns Holland noch nicht vergeben - vielleicht waren wir einfach zu früh gekommen. Unser Generalvertreter mochte sich die größte Mühe geben - von dem dichtgedrängten Auditorium im Vortragssaal in Maastricht wehte eine Kälte zum Podium hinauf, die es mir fast unmöglich machte, anzufangen.*

*"Ich weiß, daß ich Deutsche bin", sagte ich schließlich, "und ich weiß, was Sie durchgemacht haben. Aber ich will als Frau zu Ihnen über Dinge sprechen, die mit dem, was geschehen ist, gar nichts zu tun haben", worauf sich die Verkrampfung im Saal langsam lockerte."*

*"Du erzählst nur von Arbeit ... Hast du denn auch viel Freude gehabt?"*

*"O ja. Beispielsweise die Jahrestreffen in der Molkenkur, auf denen Fachleute vieler Länder bei mir zusammenkamen und wir miteinander über neue Wege der Kosmetik sprachen. Dann auch die lange, zwar anstrengende, aber hochinteressante Reise durch Südafrika. Stell dir vor: mehr als 500 Postkarten schrieb ich auf dem Schiff an Depositäre in Europa, um sie in Kapstadt oder Johannisburg einzu-*

135

*werfen. Aber weißt du, dort existiert Kosmetik nur für eine reiche, müßige Oberschicht, ähnlich wie ich es zuvor in Athen erlebt habe. Eine angenehme Abwechslung im Tagesplan zwischen Friseurbesuch, Bridge, Wohltätigkeitsbazar und Teestunde." "Die alte Rosel! Du wolltest ja immer die Kosmetik unters Volk bringen!" "Weil sie so wichtig ist wie nie. Die letzten Jahrzehnte haben den Menschen stärker verändert als irgendeine andere Epoche. Er muß sich ungeheuren Veränderungen anpassen und doch lernen, sich selbst als Persönlichkeit zu behaupten.*

*"Du redest ja gescheit wie ein Buch, Rosel. Möchtest du das nicht alles einmal aufschreiben?"*

*"Ich tu es gerade, das heißt, ich versuch's. Weißt du, vor ein paar Monaten - wieder einmal in der Klinik und eine Operation vor Augen -, da zog ich eine Art Lebensbilanz. Damals meinte ich keine Zeit mehr zu haben, um all das niederzuschreiben. Aber bald darauf ergab eine neue Untersuchung, daß ich noch nicht unters Messer mußte. Ich durfte heim und kramte meine Notizen hervor. Seither schreibe ich jeden Tag ein Stückchen - und fühle mich immer besser. Arbeit hat mir schon immer Kraft gegeben."*

*Valerie nickt. "Dein kosmetisches Bekenntnis also. Wie ich mich darauf freue, Rosel! Eigentlich hatte ich immer darauf gehofft."*

*Seit Valerie gegangen ist, denke ich über dies Wort nach. Mein kosmetisches Bekenntnis? Nein, das wollte ich nicht schreiben. Es sind einfach Erinnerungen aus meinem Leben, und wenn die Kosmetik in diesem Buch die Hauptrolle spielt, dann deshalb, weil sie auch in meinem Leben die Hauptrolle spielte.*

Dann eines Tages traf die Nachricht vom Tod Walter Friedmanns ein. Dieser jähe Tod schnitt tief in mein Leben ein. Unsere Beziehung war nie einfach gewesen; wir verfolgten unser gemeinsames Ziel mit dem gleichem persönlichen Einsatz und der gleichen Leidenschaft, ja Besessenheit, aber zwischen uns lag ein Spannungsfeld, das oft explosiven Charakter annahm. Ich neigte bei der Arbeit mehr zur Beschaulichkeit, blieb immer nahe der Natur und lernte von ihr. Ich wußte, daß jedes Tun seine Zeit braucht. Walter Friedmann war ungeduldiger, impulsiv, funkensprühend gewesen. Mit seiner wachen Intelligenz hatte er blitzschnell die Ergebnisse meiner jahrelangen Suche erfaßt, verarbeitete sie und baute sie in seine Konzepte ein. Zugegeben, manches Mal bin ich vor seiner kompromißlosen Zielstrebigkeit erschrocken, von der ich instinktiv gespürt hatte, daß sie mich auf die Dauer in den Schatten stellen würde, war ich doch über Jahrzehnte gewohnt, Mittelpunkt meiner Arbeit zu sein. Am Schluß war ich mehr und mehr von seiner Jugend, Vitalität und seinem Erfolg überrundet worden.

Aber auch hier gab mir die Natur wesentliche Einsichten. Es wurde mir klar, daß jede Lebensspanne ihre eigenen Gesetze hat, die es zu begreifen und letztlich auch zu bejahen gilt. Nur zusammen mit Walter Friedmann, mit der unverbrauchten Kraft seiner Jugend, war es mir möglich gewesen, meine Kosmetik so weit voran zu bringen. Es war seine Persönlichkeit, die mich auf notwendige Kompromisse bei der Vermarktung meiner Kosmetik eingehen ließ, auch wenn sie mir damals schon nicht "schmeckten". Indem er die ganze Last der kaufmännischen Entscheidungen und Risiken auf sich nahm, gab er mir die Zeit und die Unabhängigkeit, die ich für meine Arbeit als notwendig empfunden hatte.

Ohne ihn wird meine Arbeit nicht mehr dieselbe sein.

Sein Tod nahm mir die Spannung. Ich wurde krank - todkrank - und mußte einen langen, beschwerlichen Regenerationsprozeß durchmachen, bis ich diese Phase meines Lebens überwand. Doch "Jedem Anfang wohnt ein Zauber inne, der uns beschützt und der uns hilft zu leben!", sagt Hermann Hesse in seinem "Glasperlenspiel". So ist es auch mir im Leben gegangen, wenn ich vor großen Schwierigkeiten stand. Am Schicksal Walter Friedmanns erfuhr ich, daß das Lebenswerk eines Menschen ein Eigenleben entwickelt und sich fortbildet.

Aus den vielen Briefen, die mich erreichen, sehe ich, daß meine Arbeit noch lange nicht getan ist.

Wieder muß ich von vorn beginnen. Diesmal nicht, um "die Kosmetik unters Volk zu bringen", sondern, um auch den Frauen einer jüngeren Generation zu zeigen, wie sie die Kosmetik ihren eigenen Lebensbedingungen anpassen, sie abstimmen auf ihre persönliche Hautpflege. Und ihnen auch beibringen, ihren gesunden Menschenverstand zu gebrauchen - damit durch diese Flut von Werbung nicht all das verschüttet wird, woran ich mein Leben lang gearbeitet habe. Neue Aufklärungsarbeit ist nötig, bis es Allgemeingut wird, daß jedes kosmetische Produkt nur dann erfolgreich angewandt werden kann, wenn es bewußt und überlegt in eine Gesamttherapie eingegliedert wird. Und die sollte der Physiologie und Psychologie des einzelnen angepaßt sein.

*Ich habe heute schon zu lange geschrieben, habe mich nicht um meine getreuen Begleiter gekümmert: Bär, mein mißmutiger Hofhund, Sarah, mein elegantes Katzenfräulein, meine lustigen Zebrafinken und, nicht zu vergessen: die Erdhörnchen-Bande, die ich von meinen Enkeln "geerbt" habe. Alle wollen noch versorgt werden, ihre Ansprache erhalten.*

*Jetzt, wo ich mit dem Geschriebenen zu einem guten Schluß gekommen bin, freue ich mich auf die Tage, die da noch kommen mögen. Seit einiger Zeit nimmt nämlich eine neue Aufgabe ein beträchtliches Stück meiner Zeit ein: ich bin Großmutter.*

*Ei, was ist das für eine Freude meinen Enkeln beim Spielen zuzusehen, zu beobachten, wie sie ihre Umwelt untersuchen. Ich habe bei ihnen auch schon so manches Interesse für meine Kräuter geweckt. Gerade war Tina da. Sie hat wunderschöne lange, schwarze Haare, aber leider wäscht sie sie zu oft und deshalb werden sie fettig. Mein Rat: jeden zweiten Tag, anstatt waschen, mit Weizenkleie ausbürsten; daß läst der Kopfhaut ihr Fettbedürfnis und zwingt sie nicht zur Überproduktion. Dabei muss ich an meine Mutter, den Fußnagel und den chinesischen Chirodädisten in Paris denken...*

# Nachwort von Dominic Schüler

Die Autobiographie meiner Großmutter endet mit ihrem siebzigsten Geburtstag. Für sie war ihr siebzigster wohl ein
Höhepunkt. Irgendwann hatte ihr eine Wahrsagerin prophezeit,
daß sie kurz vor ihrem Geburtstag sterben würde, und meine
Großmutter glaubte fest an diese Prophezeihung. Ihrem siebzigsten sollten jedoch noch viele Geburtstage folgen.
Gleich nach dem Fest machte sie sich daran, ihre Ideen für eine
völlig neue Rosel Heim - Kosmetik festzuschreiben, da sie, es
klingt in ihrem Buch schon leise an, mit dem Geschaffenen nicht
mehr zufrieden war. Zu weit hatte sich der Massenvertrieb ihrer
Rezepturen bereits von der Ursprungsidee einer individuellen
Pflege entfernt. Anfang der 80er Jahre kam dann die Zeit des
neuen Anfangs: "Rosel Heim nature+science"

Jetzt ging die Arbeit aber erst richtig los: noch einmal nahm sie
den Kampf für "ihre Kosmetik" auf. Meine Oma wurde wieder
zur "Rosel Heim" und nutzte ihre Verbindungen zu Presse,
Rundfunk und Fernsehen, um für ihre andere Sicht auf die
Kosmetik Werbung zu machen. Sie trat in Talkshows und im

Frühstücksfernsehen auf, hatte im Radio ihre "Hautsprech-stunde", schrieb Artikel für Zeitschriften und ging auf Vortrags-tournee.

Damals verbrachten wir mehr Zeit im Auto als zuhause, aber sie fand selbst im Vorbeifahren oder bei Pausen immer ein Kraut oder eine Heilpflanze, deren Wirkung und deren Sinn sie mir erklären konnte.
Stets war meine Großmutter gutgelaunt, auf die Fragen aller Leute konzentriert und behielt auch im größten Trubel den Überblick. Erst als ich ihre Aufzeichnungen durchlas, verstand ich, daß diese Aufbauarbeit ihr eigentliches Zuhause war.

Meine Großmutter starb in der Nacht vom 14. November 1992, kurz vor ihrem neunzigsten Geburtstag.